本书出版

得到国家重点文物保护专项补助经费
资　助

江西九江星子明代高僧墓壁画保护修复报告

江西省文物考古研究院

陕西师范大学历史文化遗产保护教育部工程研究中心

编著

科 学 出 版 社

北 京

内 容 简 介

本书是江西九江星子明代高僧墓壁画的保护修复报告，正文全面系统地介绍了星子三座高僧壁画墓的保护修复工作，针对该墓壁画病害的种类，制定了完整的修复方案，详细介绍了壁画墓保护修复的工作内容、过程以及材料的使用、工艺方法等，该壁画墓的保护对明代佛教文化、高僧丧葬制度、绘画艺术的研究具有重要意义。

本书可供考古学、历史学的相关专家学者参考使用。

图书在版编目（CIP）数据

江西九江星子明代高僧墓壁画保护修复报告／江西省文物考古研究院，陕西师范大学历史文化遗产保护教育部工程研究中心编著.— 北京：科学出版社，2021.9
ISBN 978-7-03-069875-9

Ⅰ.①江… Ⅱ.①江… ②陕… Ⅲ.①墓室壁画–文物保护–研究报告–九江–明代 ②墓室壁画–修复–研究报告–九江–明代 Ⅳ.①K879.414

中国版本图书馆CIP数据核字（2021）第192829号

责任编辑：李　茜／责任校对：邹慧卿
责任印制：肖　兴／书籍设计：北京美光设计制版有限公司

科 学 出 版 社 出版
北京东黄城根北街16号
邮政编码：100717
http://www.sciencep.com

北京汇瑞嘉合文化发展有限公司 印刷
科学出版社发行　各地新华书店经销

*

2021年9月第　一　版　开本：889×1194　1/16
2021年9月第一次印刷　印张：9 3/4
字数：280 000

定价：228.00元
（如有印装质量问题，我社负责调换）

编委会

主　编

胡　胜　李玉虎

编　委

冯　普　傅　鹏　潘　娅　余志忠　查劲松
查小荣　周观华　余　火　殷　明　温葵珍
廖　健　付文斌　白　璐

参编单位

江西省文物考古研究院
陕西师范大学历史文化遗产保护教育部工程研究中心
庐山市文物管理所

前 言

　　江西历史上发掘的壁画墓比较少，截至目前共发现四处，分别为乐平市九林壁画墓、德安县望夫山壁画墓、萍乡芦溪县壁画墓以及九江星子县高僧壁画墓，前三处均为宋代，后一处为明代，共计发现四处八座墓葬。

　　乐平市九林壁画墓在发掘结束后进行了回填保护，德安县壁画墓、萍乡芦溪县壁画墓在发掘结束后，采用了对壁画进行分割揭取并异地搬迁的措施，进行下一步的保护修复工作，九江星子高僧壁画墓在发掘结束后采用的原址加固保护修复。

　　九江星子高僧壁画墓在田野发掘结束后，我院随即与陕西师范大学历史文化遗产保护教育部工程研究中心李玉虎教授团队合作，经过实地调研，鉴于墓葬壁画脱落破损较严重以及多种复杂病害等情况，在对各病害种类进行了针对性的研究和实验后，最终确定对该壁画墓采取原址加固保护的方法进行保护修复。该壁画墓是江西首次对出土壁画进行的原址保护工作，该壁画墓的保护，为明代佛教文化、高僧丧葬制度、绘画艺术的进一步研究提供了珍贵的实物资料。

目 录

前　言

第一章　绪言　001

第二章　病害调研与分析　010

第三章　保护修复的理念和依据　033

第四章　黏结钙化土锈与污泥的保护性去除　034

　　第一节　壁画一般土锈的保护性去除　034
　　第二节　壁画污泥保护性去除　040
　　第三节　壁画易损颜料、胶料层黏结土锈保护性去除　044
　　第四节　壁画钙化土锈的保护性去除　066
　　第五节　壁画黏结土锈与污泥的去除效果　078

第五章　开裂、破碎、离位壁画地仗层回位修复与填充加固　090

　　第一节　回位修复剂的筛选原则　090
　　第二节　回位修复材料的选择　091

第三节	回位修复剂浓度的选择	096
第四节	回位修复材料的系统评价	100
第五节	回位修复工艺	107
第六节	回位修复与填充加固效果	108

第六章　地仗层与风化砂石层注射黏结与渗透加固　　113

第一节	CB材料加固前后性能比较	114
第二节	黏结与渗透加固工艺	121

第七章　墓室循环空气系统及视频观察设备　　124

第八章　安全保障措施　　126

第九章　结语　　128

附　录　环保低耗历史文化遗产保存环境试验研究　　129

后　记　　146

第一章 绪　言

2013年3月，江西星子庐山秀峰旅游度假有限公司在庐山秀峰景区大门东南约200米名为"塔园"的地方修建停车场时，发现明代壁画墓三座（编号M1、M2、M3）。2013年7~12月，江西省文物考古研究所（现为江西省文物考古研究院）会同星子县文物管理所（现为庐山市文物管理所）对其进行抢救性考古发掘，发掘结果表明，此三座墓葬为明代成化至弘治时期的高僧墓（图一~图三）。

明代僧人壁画墓属江西省首次发现和发掘，它揭示了明代高僧墓葬砌建方式、充满浓郁佛教色彩的葬式、高规格的塔院布局，是珍贵的实物资料，具有较高的历史、文化和艺术价值。对该壁画墓的保护，有利于对明代佛教文化、高僧丧葬制度、绘画艺术做进一步的深入研究[1]。

由于时间久远，环境恶劣，墓室内壁画因多种病害造成破损脱落十分严重，亟需保护修复。通过对该壁画墓病害种类的调研和分析，该壁画墓现存主要病害有三种：第一，壁画黏结钙化土锈与污泥；第二，壁画层开裂、破碎、离位；第三，地仗层与砂石附着力减弱或空臌。

为了更好地保护和修复该壁画墓，对现存病害进行科学有效的保护性处理，江西省文物考古研究所与陕西师范大学历史文化遗产保护教育部工程研究中心对该壁画墓病害种类进行了针对性的研究和实验，并制定了该保护修复方案（图四~图一一）。

---

[1] 江西省文物考古研究所、星子县博物馆：《江西省星子县塔园明代壁画墓发掘简报》，《南方文物》2015年第3期。

图一　发掘区全景照

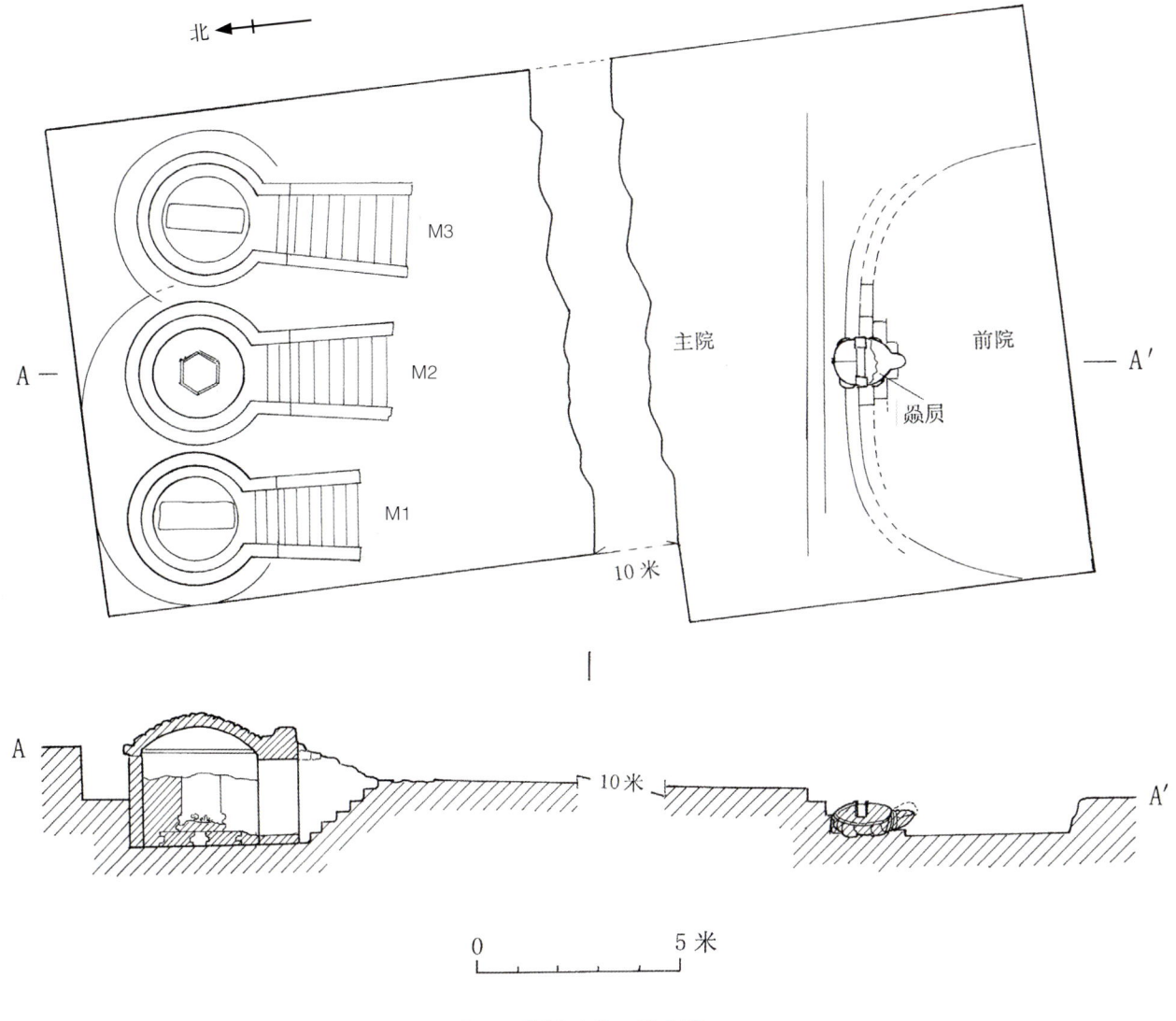

图二 发掘区平、剖面图

图三　墓葬近景

图四　M1墓室

图五　M1局部

图六　M2墓室

图七　M2顶部

图八 M2局部

图九 M2局部

图一〇　M3墓室

图一一 M3局部

第二章
病害调研与分析

　　江西省星子县高僧墓位于风景秀丽的庐山脚下，该墓葬规模虽然在目前国内已发掘墓葬中不属大型墓葬，但具体到墓主身份，作为一个僧人墓，有壁画、陪葬品、陪葬墓，有相当规模的陵园，在我国考古界属首次发现。该墓葬的发现，对研究我国佛教丧葬规格及礼仪制度有极其重要的实物价值。

　　和目前大部分已发掘墓葬一样，由于时间久远，环境恶劣，墓室内壁画因多种病害造成破损脱落十分严重，亟需保护修复。

　　九江星子明代高僧墓壁画的构造为：在一种砂石上附有3～4mm石灰层，石灰层上以矿物颜料与胶料绘有莲花等花卉图形。石灰地仗较为密实，彩绘层均为矿物颜料，色彩鲜艳。这些墓室壁画严重被污染，颜料层脱落，使其原貌模糊不清，如不及时采取抢救保护，随着损毁程度进一步加深，受侵害部位将会永远消失。

　　2013年8月中旬江西省文物考古研究所会同陕西师范大学历史文化遗产保护教育部工程研究中心研究人员，对九江星子明代高僧墓壁画进行现场勘察调研（图一二），调研分析发现九江星子明代高僧墓壁画存在三种病害。

图一二　李玉虎老师调研

病害一
壁画黏结钙化土锈与污泥

星子明代高僧墓壁画黏结土锈非常严重，情况复杂。壁画地仗层薄如纸张，仅有0.3~0.5mm左右，其上黏结有严重的土锈与污泥，对壁画颜料、胶料层造成严重腐蚀，土锈绝大多数已经钙化结甲。其下极薄的地仗层与风化砂石的附着力减弱，随时可能龟裂、起翘、脱落，处于濒危状态，必须对钙化结甲的土锈进行保护性去除，并对去除后的保护地仗层与颜料层进行加固，增加附着力（图一三~图三〇）。

图一三　壁画黏结钙化土锈与污泥现状

第二章 病害调研与分析 013

图一四~图一七 壁画黏结钙化土锈与污泥现状

14 | 16
15 | 17

图一四~图一七 壁画黏结钙化土锈与污泥现状

图一八~图二一 壁画黏结钙化土锈与污泥现状

图二二~图二五　壁画黏结钙化土锈与污泥现状

图二二~图二五　壁画黏结钙化土锈与污泥现状

图二六~图二九　壁画黏结钙化土锈与污泥现状

图二六~图二九　壁画黏结钙化土锈与污泥现状

图三〇
壁画黏结钙化土锈与污泥现状

病害二
壁画层开裂、破碎、离位

星子明代高僧墓相当部分壁画地仗层严重破碎，并与其下的砂石开裂、分离。由于砂石已受盐害而酥解，随着墓室开放后温湿度的大幅度变化，盐害风化现象会进一步严重，壁画层破碎、离位现象会进一步加剧（图三一～图四七）。

图三一～图三二　壁画层开裂、破碎、离位现状

31
32

图三三～图三六 壁画层开裂、破碎、离位现状

图三七～图四〇　壁画层开裂、破碎、离位现状

图四一～图四四　壁画层开裂、破碎、离位现状

图四一～图四四　壁画层开裂、破碎、离位现状

图四五~图四七 壁画层开裂、破碎、离位现状

针对九江星子明代高僧墓壁画出现的严重酥粉情况，陕西师范大学历史文化遗产保护教育部工程研究中心对壁画中的可溶盐进行提取—结晶并做分析。

1. 可溶盐XRD分析

由西安地质矿产研究所使用D/max-2500型X-射线衍射仪对提取—结晶出的易可溶盐进行X-射线衍射分析，测试结果见图四八。

2. 离子色谱仪对可溶盐阴、阳离子的测定

土壤浸出液制备：去除样品中的杂物，称取0.5g土样用去离子水溶解，超声振荡，离心过滤后，放置待用。

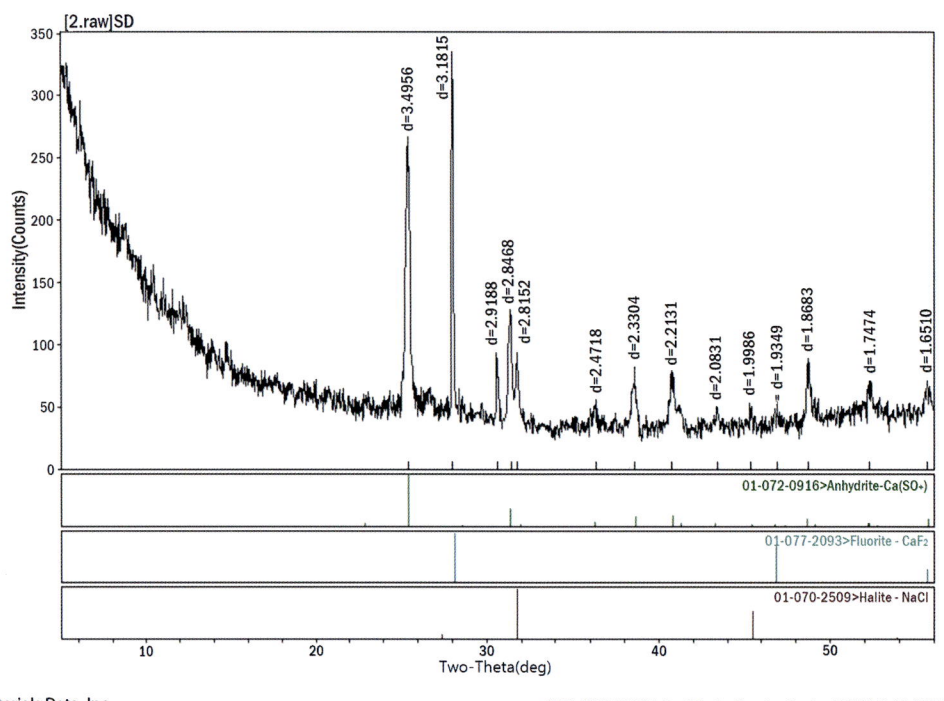

图四八　试样中提取可溶盐的XRD图谱

土壤浸出液离子色谱分析：ICS-90/1000离子色谱仪（美国戴安公司），Chromeleon 6.8中文版色谱工作站。

色谱条件：阴离子分析：Dionex IonPac AS9-HC阴离子分离柱和IonPac AG9保护柱，12.0mmol/L Na_2CO_3，流速为1.0mL/min，AMMS Ⅲ阴离子抑制器，进样体积为10μL。阳离子分析：Dionex IonPac CS12A-HC阳离子分离柱和IonPac CG12保护柱，20.0mmol/L甲烷磺酸，流速为1.0mL/min，CSRS-300电化学抑制器，进样体积为10μL。

离子色谱测试结果见图四九、图五○，表一。

由以上XRD和离子色谱分析可知，九江星子明代高僧墓壁画中的可溶盐主要是$CaSO_4$，还有少量的NaCl。

可溶盐对墓室壁画的破坏作用是在墓室被发掘开放与外界连通之后，墓室内空气与室外空气产生对流交换，导致温湿度，特别是湿度大幅变化。每年冬季、早春、初冬相对湿度较低，夏季、春夏之交、夏秋之交相对湿度高。高湿条件下，上述可溶性、微溶性盐溶解，低湿条件下，可溶性盐、微溶性盐结晶析出。盐分结晶膨胀—溶解收缩—结晶膨胀的反复作用，会对壁画产生两种破坏：

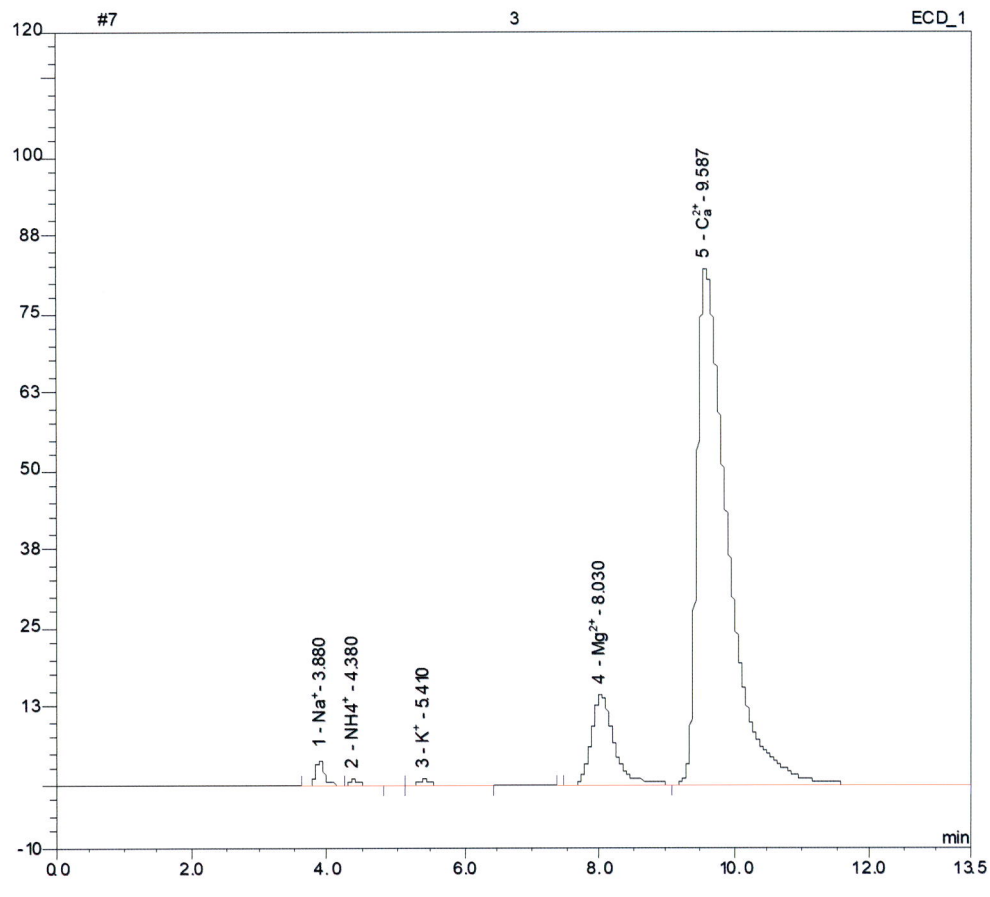

图四九　可溶盐阳离子分析结果

　　一是壁画石灰地仗层与颜料层、胶料层的酥粉、起甲，使壁画原貌遭到毁灭式的破坏。由可溶性盐、微溶性盐的溶解、析出对壁画造成的酥粉与起甲在江西德安县已有实例。

　　二是可能造成砂石酥粉，导致地仗层整体脱落。该墓室壁画地仗层较为密实，与砂石存在裂隙，随着环境湿度大幅变化，砂石亦会出现酥粉现象。砂石酥粉，会直接导致壁画的脱落，正所谓"皮之不存，毛将焉附"。

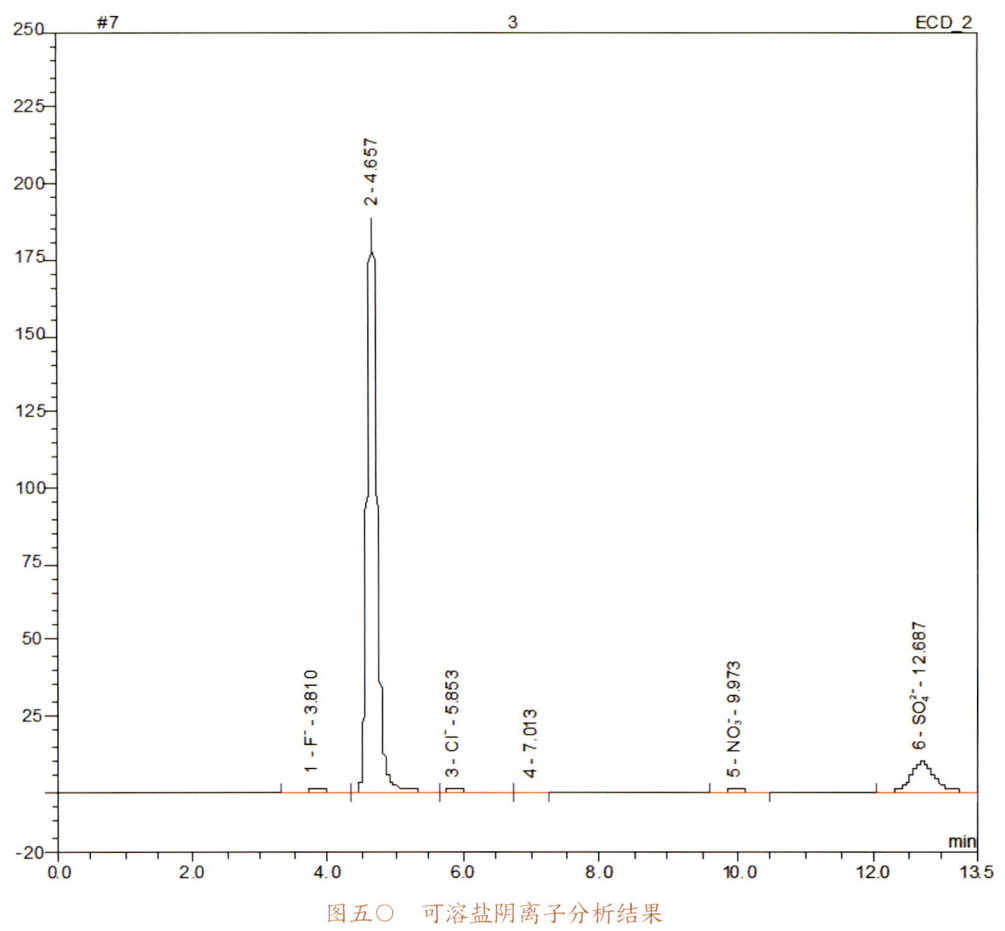

图五〇　可溶盐阴离子分析结果

表一　可溶盐离子色谱分析结果

样品编号	Na^+	NH_4^+	K^+	Mg^{2+}	Ca^{2+}	F^-	Cl^-	NO_3^-	SO_4^{2-}
样品量（mg/L）	1.70772	0.62076	0.76429	7.68574	120.834	1.1172	1.09236	1.84529	28.9368

病害三
地仗层与砂石附着力减弱或空臌

星子明代高僧墓壁画地仗层因其下的砂石出现酥解现象，而导致两者之间附着力减弱或出现空臌，随着盐害进一步发展，酥解现象会进一步严重，空臌现象将进一步加剧，必须对壁画地仗层与砂石进行整体加固，增加其强度及两者之间的附着力。

第三章

保护修复的理念和依据

本项目方案的编制严格依从以下的原则、法规编制：

（1）《中华人民共和国文物保护法》（2002年10月28日）

（2）《中国文物古迹保护准则》（2000年10月）

（3）其他文献：

①《关于保护景区和遗址的风貌与特性的建议》（联合国教科文组织大会第十二届会议于1962年12月11日在巴黎通过）

②《国际古遗址保护与修复宪章》（第二届历史古迹建筑师及技师国际会议于1964年5月在威尼斯通过）

③《保护世界文化与自然遗产公约》（联合国教科文组织大会第十七届会议于1972年11月16日在巴黎通过）

④《佛罗伦萨宪章》（国际古遗址理事会全体大会于1982年12月15日登记）

⑤《考古遗产保护与管理宪章》（国际古遗址理事会全体大会第九届会议于1990年10月15日在洛桑通过）

保护修复工作必须遵守不改变文物原状的原则，同时在工程实施中不允许对文物造成新的破坏和影响。保护工程全过程要严格执行保证文物真实性的原则，必须在室内试验和现场试验的基础上，在对材料性质、配比、施工工艺取得成功后，再用于工程实施。

第四章

黏结钙化土锈与污泥的保护性去除

墓室壁画黏结土锈与污泥状况非常复杂。墓室壁画黏结的钙化土锈非常坚硬,并伴随龟裂、起甲等状况,而壁画地仗层薄如纸张,去除时极易脱落。针对此复杂濒危状况,本项目方案研究设计了三种保护性去除材料与工艺方法,能在保持壁画原貌完整的条件下,去除钙化土锈与污泥。

第一节 壁画一般土锈的保护性去除

对壁画上黏结的一般土锈,本项目研究了水性环氧的乙醇溶液保护性去除方法。

一、保护性去除材料性能研究

经长期研究实践发现,具有双亲活性的水性环氧的低浓度乙醇溶液,能渗入土锈之中,在固化前,降低其湿强度与附着力,能以精细工艺使土锈去除殆尽,完整再现古代壁画与文物彩绘的原貌。固化后,能提高颜料胶料层的韧性与附着力,使用的保护性去除与霉菌壳层的保护性去除材料完全相同。去除有害土锈后,对其颜料、胶料层的增韧与附着力的系统评价也与之相同。该保护性去除材料渗入土锈中之后的显著特点是不与土锈"和泥",不会造成二次污染。

为了分析水性环氧去除剂对土锈颗粒的微观结构和粒径大小的影响,采用Quanta200环境扫描电镜(荷兰Philips-FEI公司)观察经去除剂处理与去离子水处理土锈样品的形貌特征。

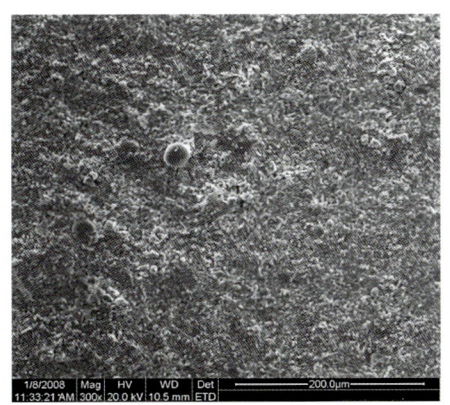 

图五一　去离子水处理土锈的SEM图　　图五二　水性环氧处理后土锈的SEM图

从图五一可看出去离子水处理的土锈，粒径分布比较细小，而从图五二可知水性环氧处理的土锈，粒径分布比较大，而且把细小的土锈颗粒团聚在一起，有明显的界面，分布得比较松散。水性环氧分子一般由亲水的极性基团和亲油的非极性基团两部分组成，当它和有极性的土锈颗粒接触时，它的极性基便被吸附在土锈颗粒表面，让非极性基展露在外，与其他有机质亲和从而使界面张力降低，导致原有颗粒可湿性的增加，相应的土锈聚集体失去稳定性，促使有机介质渗入聚集在一起的颗粒中，而排斥土锈颗粒相互分离，达到分散的效果。在实践壁画、文物彩绘表面土锈去除过程中，也发现由于水性环氧的渗透性强的作用，在钙化土锈与霉菌菌落中渗透，使钙化土锈保湿、疏松、强度降低，再通过精细工艺剔除。

二、保护性去除工艺

采用医用小棉签蘸浸1%水性环氧-乙醇溶液，在土锈表面浸润渗透，使其保持潮湿状态，用棉签滚动擦除，直至再现原貌。

三、壁画黏结一般土锈保护性去除典型案例

1. 南唐二陵濒危彩画保护性去除应用案例

2008年，陕西师范大学历史文化遗产保护教育部工程研究中心在对南唐二陵墓室彩画病害进行小面积局部治理与6年跟踪观察的基础上，进行了保护性去除，对风化褪色的彩画进行了显现加固，再现了彩画原貌（图五三、图五四）。

图五三　南唐二陵濒危彩画保护性去除效果与跟踪观察

1. 去除前（2009年9月拍摄）　2. 去除后（2010年10月拍摄）　3. 跟踪观察（2013年3月拍摄）

图五四 南唐二陵濒危彩画保护性去除效果与跟踪观察

1. 去除前（2009年9月拍摄） 2. 去除及显现加固后（2009年11月拍摄） 3. 跟踪观察（2013年3月拍摄）

2. 陕西历史博物馆藏唐墓壁画保护性去除应用实施与跟踪观察（图五五、图五六）

图五五　万泉县薛氏墓壁画女侍图保护性去除效果与跟踪观察

1. 去除前（2007年10月拍摄）　2. 保护性去除（2007年10月拍摄）　3. 跟踪观察（2013年4月拍摄）

第四章 黏结钙化土锈与污泥的保护性去除 039

图五六 万泉县薛氏墓壁画男侍图保护性去除效果与跟踪观察

1. 去除前（2007年10月拍摄） 2. 去除后（2007年10月拍摄） 3. 跟踪观察（2013年4月拍摄）

第二节　壁画污泥保护性去除

对壁画上黏结的污泥，本项目方案研究了用乙醇溶液保护性去除的工艺方法。

一、保护性去除溶剂的选择

1. 不同溶剂对土锈微观形貌的影响

采用扫描电子显微镜对用水及乙醇处理的土样自然干燥和冷冻干燥后的形貌进行观察。

图五七结果显示，水处理土样自然干燥比冷冻干燥样致密性大。这一结果表明，自然干燥水处理土样易于发生团粒膨胀后的塌陷。

图五八结果显示，乙醇处理土样自然干燥与冷冻干燥样致密性差别不大。表明具有较小极性的乙醇所处理土样在自然干燥时不会发生明显的结构塌陷，进一步证明用乙醇作为溶剂去除土锈不会和泥。

2. 不同溶剂对土锈孔径的影响

用Autopore-9500型压汞仪（美国麦克公司）对土样用水及乙醇处理的土样自然干燥后粒径进行测量，图五九为土样加水前后自然干燥样大孔孔径分布曲线图，图六〇为土样加乙醇前后自然干燥样大孔孔径分布曲线。

从图五九可以看到，与未处理土样相比，极性溶剂水渗入土样自然干燥后大孔比

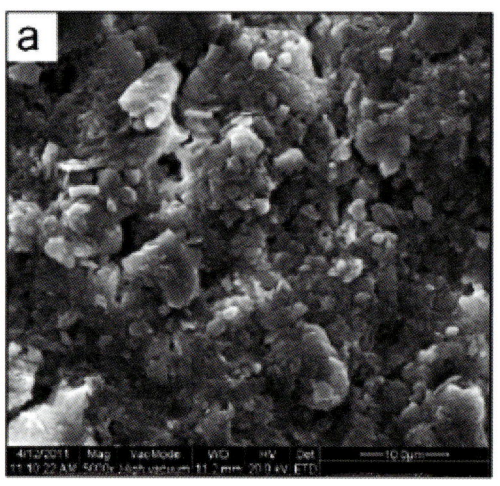 

图五七　土样用水处理的土自然干燥（a）和冷冻干燥（b）后的扫描电镜图

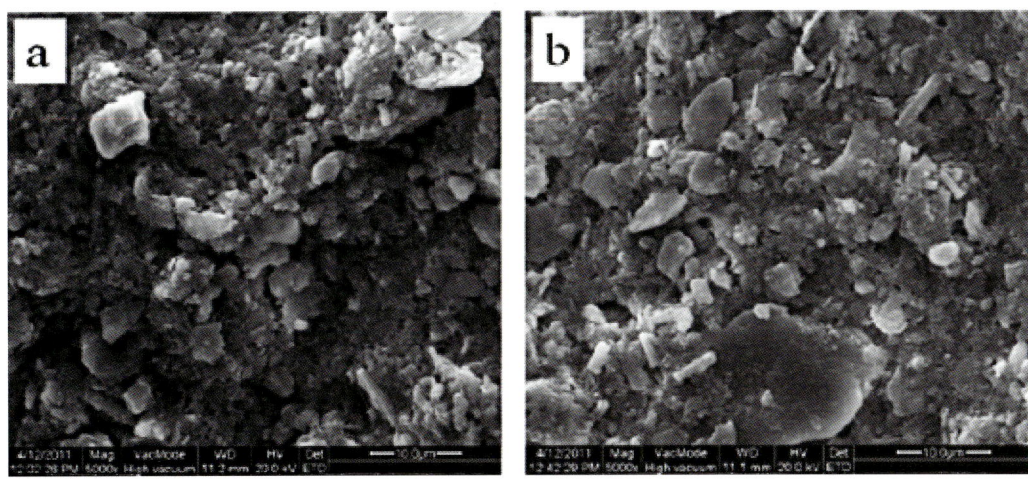

图五八　用乙醇处理的土自然干燥（a）和冷冻干燥（b）后的扫描电镜图

例明显减少，相对较小的孔比例随之增加。这一结果再次表明，利用水作为溶剂处理土锈，存在使大孔结构破坏的可能。这种破坏将使得土壤的透气性和透水性变差，也因小孔增加而使出现盐害的可能性大大增加。从这个意义上而言，用水作溶剂对于出土土锈是不利的。从图六〇可以看出，极性较小的乙醇对土样孔径分布不产生明显影响。从这一点而言，在土锈去除过程中，选择极性较小的溶剂作为土锈去除的溶剂是可取的。

二、保护性去除工艺

采用医用小棉签蘸浸乙醇溶液，在污泥表面浸润渗透，使其保持潮湿状态，用棉签滚动擦除，直至再现原貌。

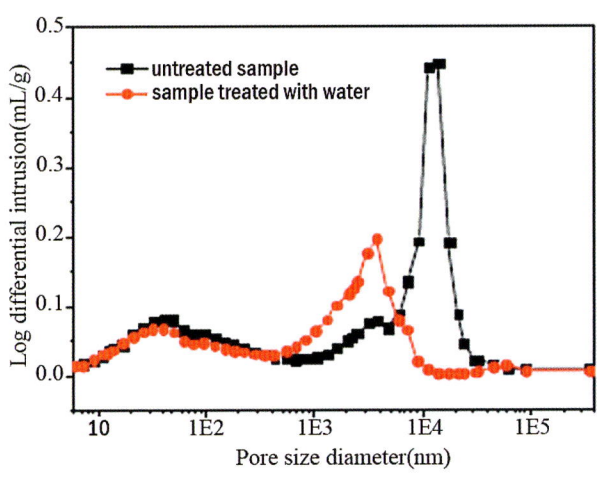

图五九
土样加水前后自然干燥样大孔孔径分布曲线图

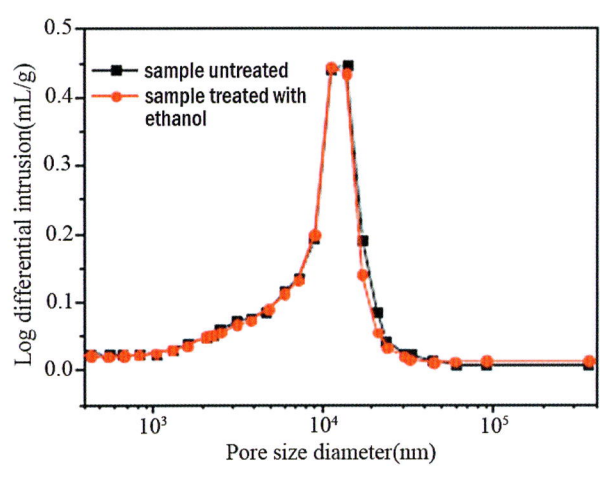

图六〇
土样加乙醇前后自然干燥样大孔孔径分布曲线

三、西安南郊韩家湾出土唐墓壁画保护性去除效果（图六一）

图六一　西安南郊韩家湾唐墓壁画黏结土锈保护性去除效果

1. 去除前（2009年2月拍摄）　2. 去除后（2009年2月去除拍摄）
3. 去除前（2009年2月拍摄）　4. 去除后（2009年2月去除拍摄）

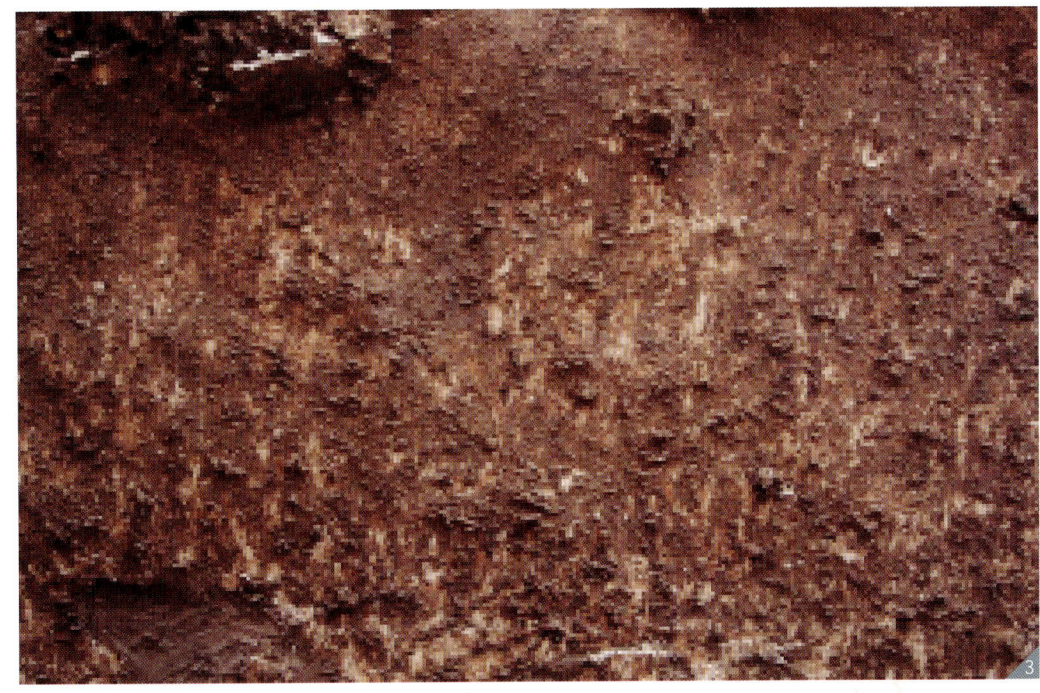

第三节
壁画易损颜料、胶料层黏结土锈保护性去除

部分壁画的颜料、胶料层与其上黏结的土锈上渗透了桃胶，土锈与颜料胶层黏结紧密，部分壁画的颜料层中胶料含量少或胶料降解。

对于上述两类壁画上黏结的土锈进行去除时，很易伤及彩绘层和其原始历史信息。为此，本项目研究了土锈去除与显现加固结合应用的方法。即在对于古代壁画上的土锈去除至一定厚度时，再用显现加固剂显现，能在不伤及古代壁画颜料与胶料层的情况下，完整再现其原貌和历史信息。

一、水性环氧保护性去除与显现加固结合工艺

去除与显现加固方法相结合显现加固原貌的工艺过程如下：采用低浓度的水性环氧树脂B-63将脆弱彩绘表面的土锈去除至隐约可见时，用易挥发性有机溶剂如丙酮或无水乙醇显现试验，若能完整再现原貌时，则停止去除，待有机溶剂彻底挥发后，用显现加固剂（RFC）进行显现加固处理，此过程为光学现象。"隐约可见"为彩绘表面硬质土锈形成的一种"空气（空隙）—粒子（间隔）"界面，此界面导致对可见光产生散射现象。而使用显现加固剂后可填充上述"界面"，消除光散射现象，使其原貌清晰可见。

RFC显现加固剂是由癸二酸二（1,2,2,6,6-五甲基-4-哌啶基）酯、亚磷酸三（壬基苯基）酯组成的非挥发性液态抗氧、抗风化稳定剂与三氟氯乙烯与偏二氟乙烯的共聚物等耐候、抗腐蚀的有机氟材料为主，以聚甲基丙烯酸甲酯为分散黏合剂的显现加固剂，其中非挥发性液态抗氧、抗风化稳定剂填充、消除上述界面，显现褪色文物彩绘的原貌，该稳定剂与有机氟材料、聚甲基丙烯酸甲酯一起渗入颜料、胶料层后形成的最终状态为固态。同时，以上述材料的协同功能产生的稳定、耐久、抗腐蚀、塑性等功能加固颜料、胶料层，使其不致产生新的界面而导致古颜料淡化褪色，并防止颜料、胶料层龟裂、脱落（图六二）。

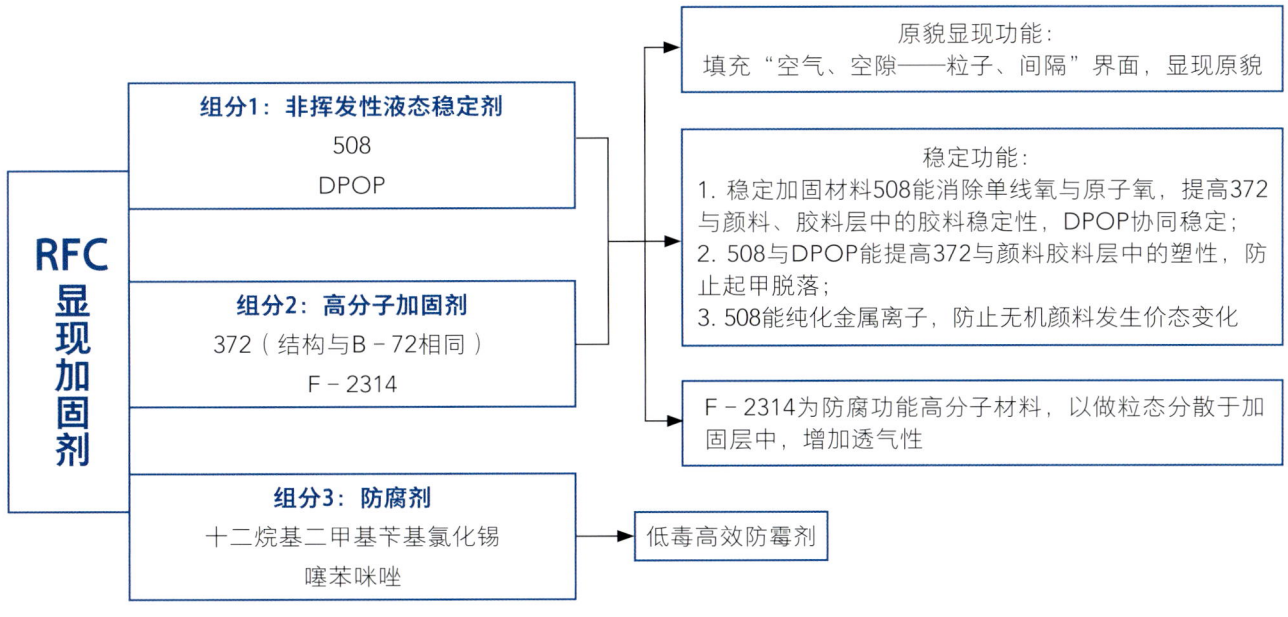

图六二 RFC显现加固剂

二、去除与显现加固光学机理测试表征与研究

1. 不同厚度土层对同种颜料颜色的影响

样品制备：

① 裁割3cm×3cm的陶片6块。

② 实验采用400目的标准筛子对朱砂颜料和土进行过筛，得颜料粉末、土粉末。

③ 用浓度为4%的明胶水调制成适当浓度的颜料糊，然后用毛笔将其均匀涂在上陶片表面，厚度约0.1~0.2mm，待其干燥后备用。

④ 分别将0.08g、0.1g、0.12g、0.16g、0.3g土加入到含有250mL丙酮的烧杯中，定速电动搅拌10分钟，迅速将制好的彩绘陶片悬于烧杯中，静置半小时，用滴管轻轻地吸出样板上层的多余液，避免将飘落在颜料表层的土粒聚集，露出颜料层时，保持表层平行，提出彩绘陶片，自然晾干；再用加湿器喷湿颜料层，增加土与颜料层间的附着力，自然晾干命名为C、D、E、F、G。未沉积土的命名为B。

采用分光光度计对不同土层厚度的彩绘陶片颜色的表观图及反射率进行测定，测定结果见图六三、图六四。

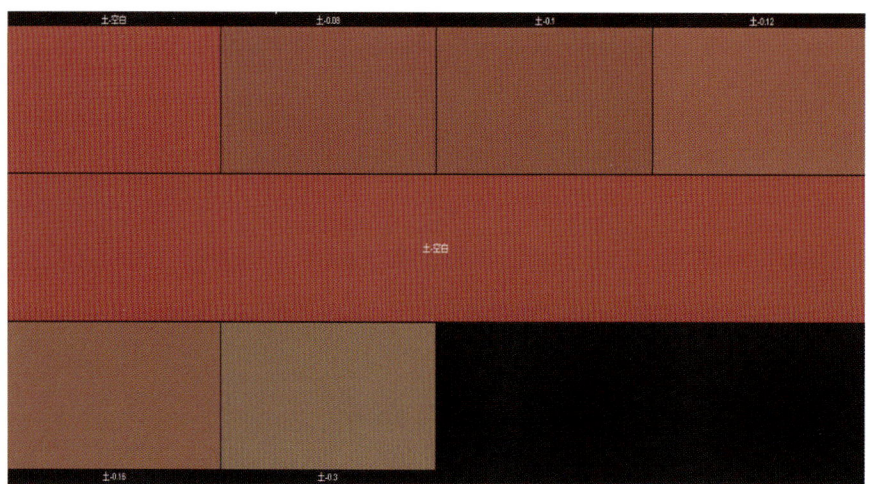

图六三　不同土层厚度的彩绘陶片颜色的表观图

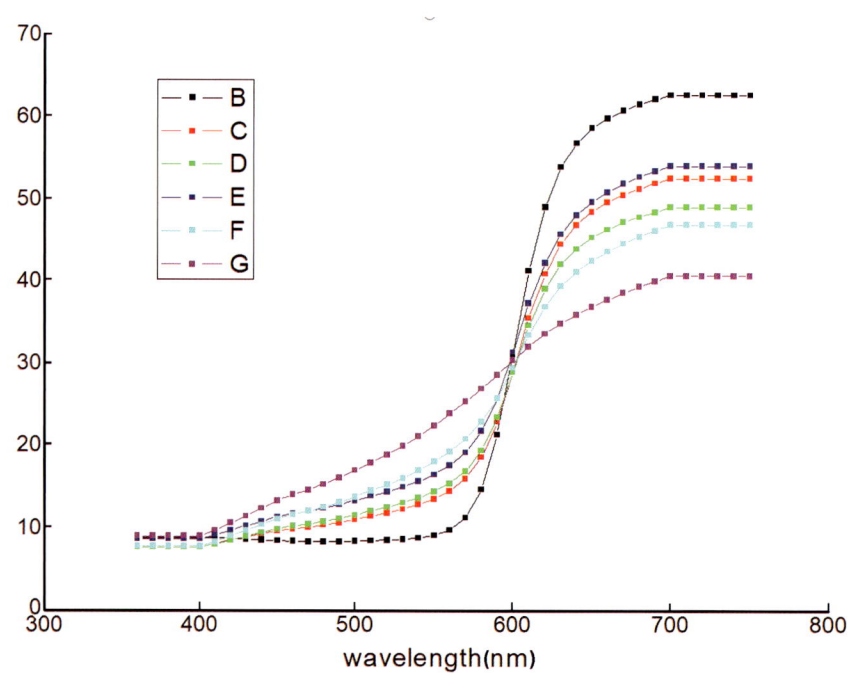

图六四　不同土层厚度的彩绘陶片颜色的反射率

由图六三表观图可以看到，随着土层厚度的增加，颜料的颜色变浅，颜色的失真程度变大。图六四中B～G的顺序按照土层由薄到厚来排列的，可以看到随着土层厚度的增加，反射峰的位置没有发生改变，但是主峰处的反射率降低；波长在400～600nm范围内的反射率增大，土层厚度越厚，反射率增加得越陡峭。实验结果表明，土层厚度对文物的颜色有影响，因此，要去除到一定厚度再进行显现加固。

2. 显现加固剂对颜料颜色的影响

样品制备：

① 裁割3cm×3cm的陶片4块。

② 选择铁红、群青、石绿、朱砂四种矿物颜料，用400目的筛子过滤，得颜料粉末。

③ 用浓度为4%的明胶水调制成适当浓度的颜料糊，然后用毛笔将其均匀涂在上陶片表面，厚度约0.1～0.2mm，待其干燥后备用。

④ 采用分光光度计对制作好的4块陶片对颜色及反射率进行测量。

⑤ 将配制好的显现加固剂溶液涂刷在预先制作好的彩绘陶片上，在室温下待显现加固剂溶液干后，再涂下一遍。

显现加固前后彩绘陶片表观图与反射率：

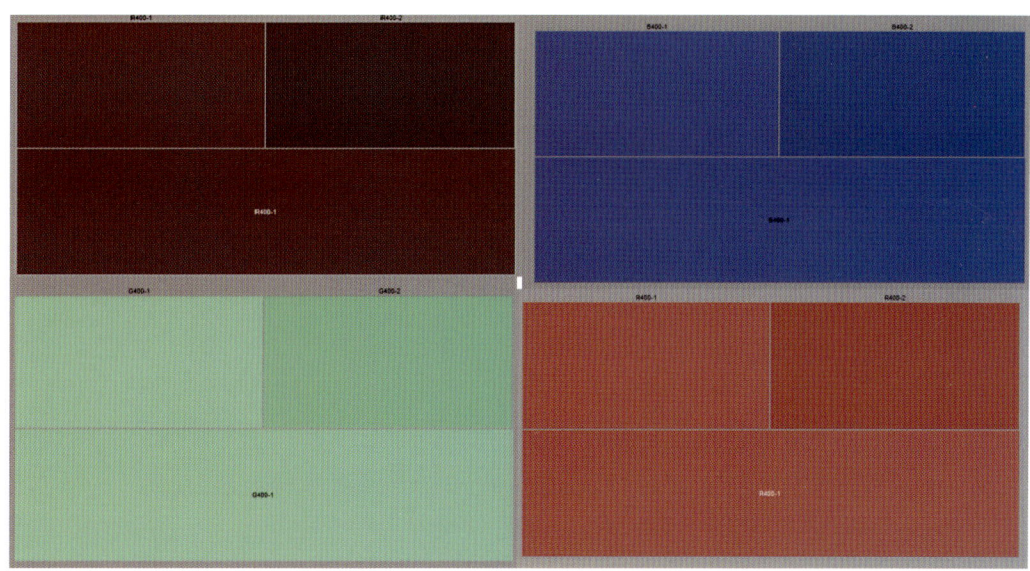

图六五　彩绘陶片显现加固前后颜色表观图

图六五、图六六是彩绘陶片显现加固前后颜料颜色的表观图和反射率曲线，其中X400-1（X=IR、B、G、R）为彩绘陶片显现加固前表观图与反射率；X400-2是彩绘陶片显现加固后表观图与反射率。图六五、图六六可以看出，经显现加固剂处理后，反射峰的位置没有发生变化，在反射峰处的反射率变小。

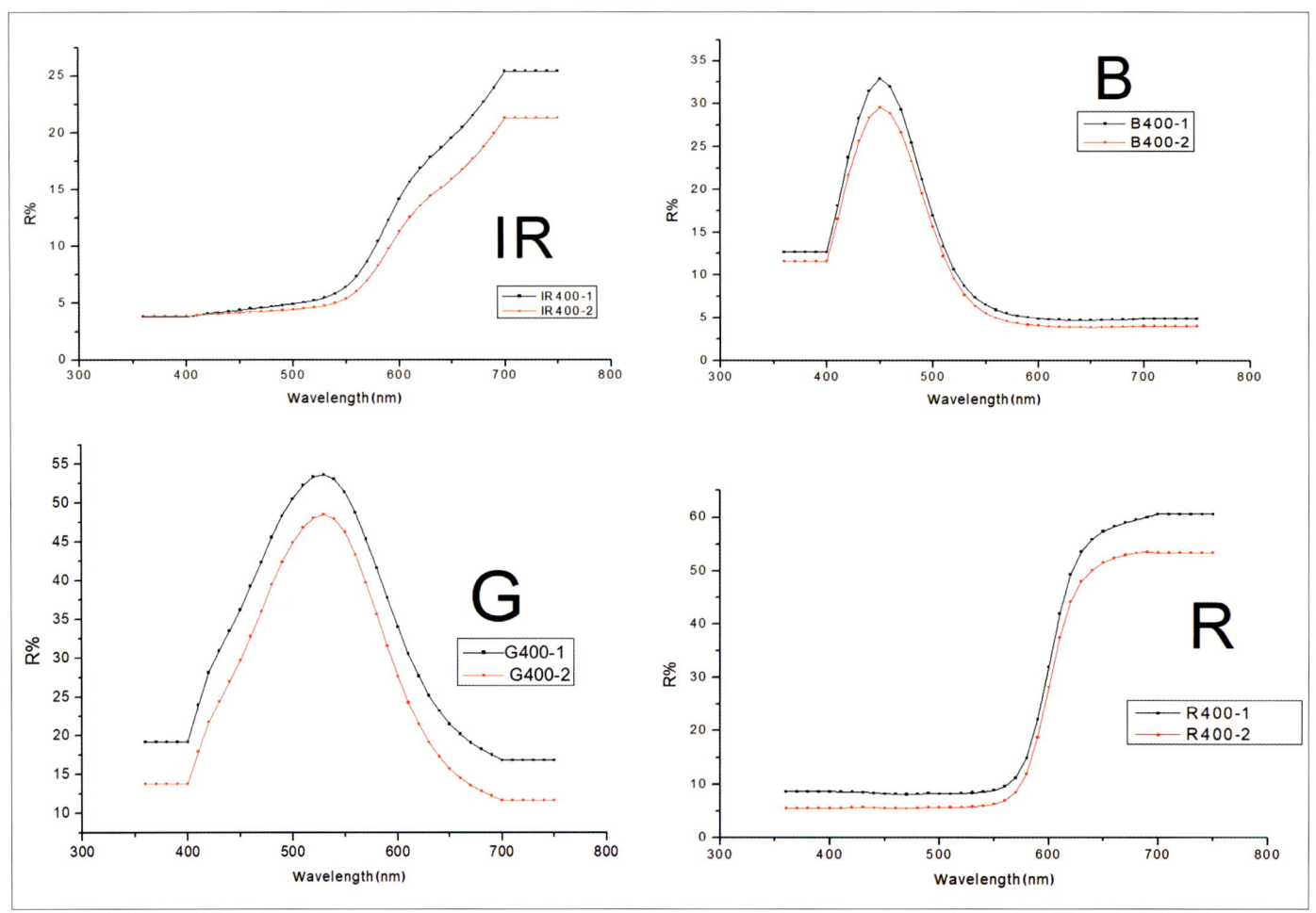

图六六　彩绘陶片显现加固前后颜色的反射率

3. 显现加固剂对覆盖土层的颜料颜色影响

样品制备：

① 裁割3cm×3cm的陶片3块。

② 实验采用400目的标准筛子对铁红、群青、石绿颜料和土进行过筛，得颜料粉末、土粉末。

③ 用浓度为4%的明胶水调制成适当浓度的颜料糊，然后用毛笔将其均匀涂在上陶片表面，厚度约0.1～0.2mm，待其干燥后备用。

④ 采用分光光度计对其颜色与反射率进行测定。样品命名为B-1、IR-1、G-1。

⑤ 将0.08g的土加入到盛有250mL丙酮的烧杯中，定速电动搅拌10分钟，迅速将制好的彩绘陶片悬于烧杯中，静置半小时，用滴管轻轻地吸出样板上层的多余液，避免将飘落在颜料表层的土粒聚集，露出颜料层时，保持表层平行，提出彩绘陶片，自

然晾干；再用加湿器喷湿颜料层，增加土与颜料层间的附着力，自然晾干，对其颜色与反射率进行测量，样品命名为B、IR、G。

⑥ 将配制好的显现加固剂溶液涂刷在上述附着有土的彩绘陶片，在室温下待显现加固剂溶液干后，再涂下一遍，对其颜色与反射率进行测量，样品命名为B-2、IR-2、G-2。

彩绘陶片颜色及反射率测定：

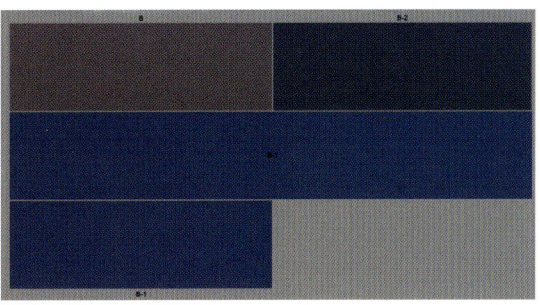

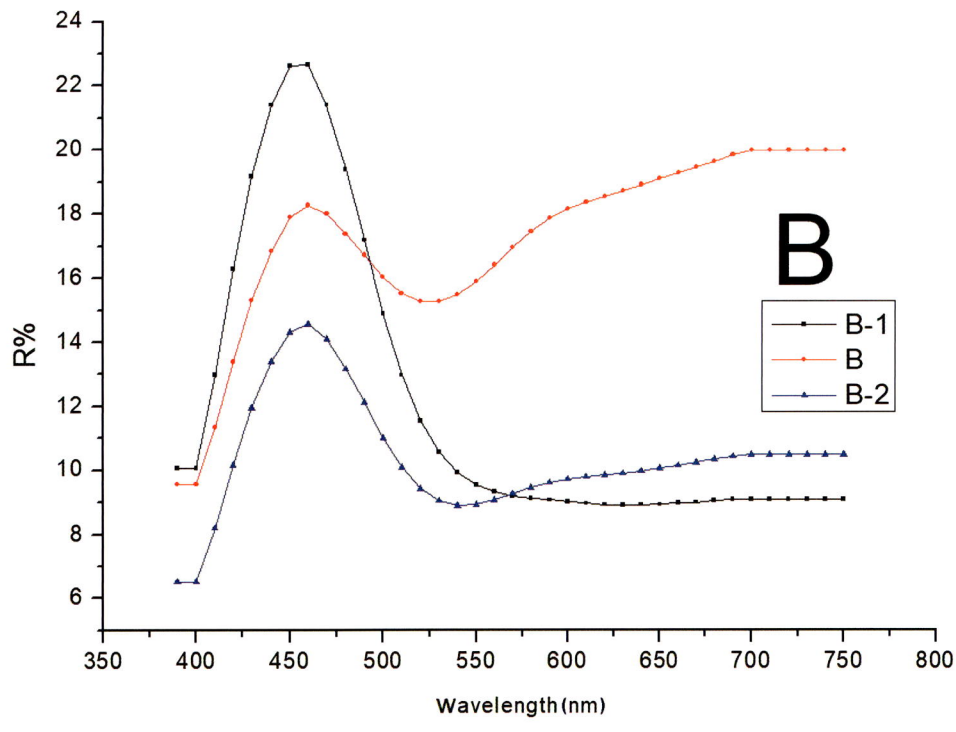

图六七　群青彩绘陶片表观图与反射率曲线

图六七中B为表面有土层的群青样品，B-1为表面没有土层的群青样品，B-2为对B样品进行显现加固后的样品，由图可以看出，经显现加固剂处理过的样品表观颜色变暗，但是能够将彩绘颜料原料的颜色显现。由反射曲线可以看出群青颜料被土层覆盖后反射谱发生了很大变化，在500～760nm的波长范围内，引入了反射峰；使颜色严重失真。但经过显现加固剂显现后，500～760nm波长范围的反射率降低，反射曲线得到修正，基本符合原来彩绘的颜色的反射曲线变化规律。

图六八中IR为表面有土层的铁红样品，IR-1为表面没有土层的铁红样品，IR-2为对IR样品进行显现加固后的样品，由图可以看出，经显现加固剂处理过的样品表观颜色变暗，但是能够将原色显现。由反射曲线可以看出铁红颜料被土层覆盖后反射谱发生了

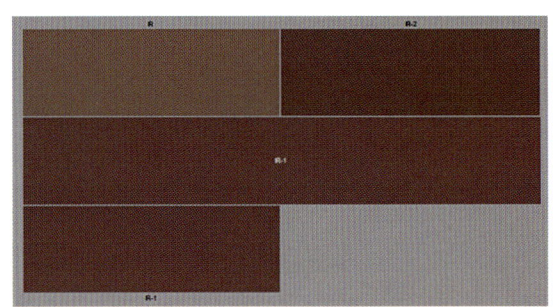

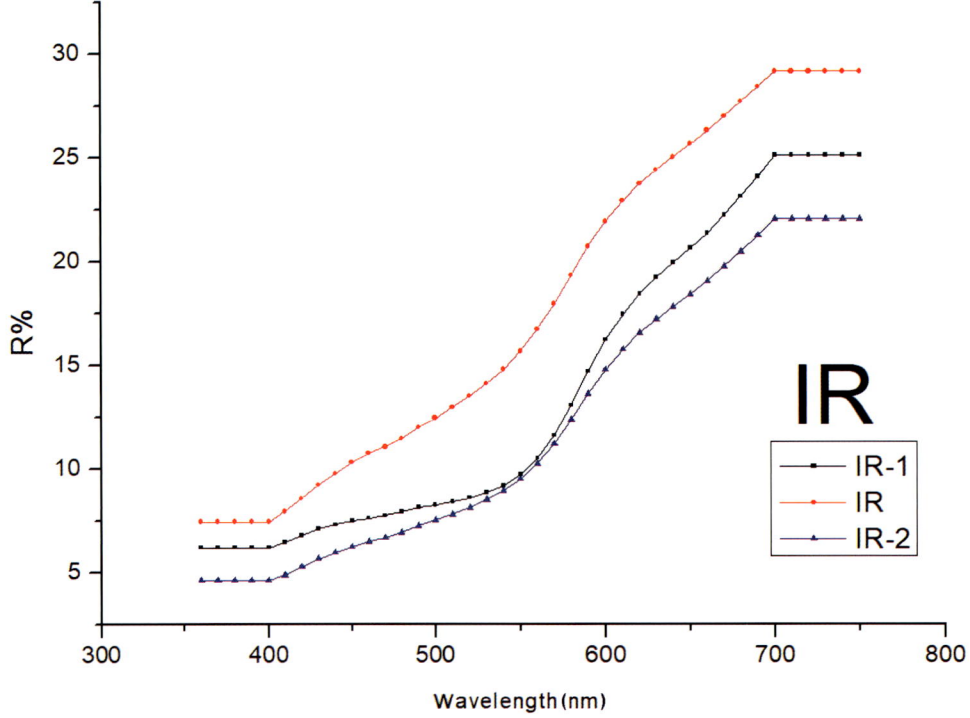

图六八　铁红彩绘陶片表观图与反射率曲线

很大变化，在400～760nm的波长范围内，反射率都变大；使颜色严重失真。但经过显现加固剂显现后，400～760nm波长范围的反射率降低，反射曲线得到修正，基本符合原色的反射曲线变化规律。

图六九中G为表面有土层的石绿样品，G-1为表面没有土层的石绿样品，G-2为对G样品进行显现加固后的石绿样品，由图可以看出，经显现加固剂处理过的样品表观颜色变暗，但是能够将原色显现。由反射曲线可以看出石绿颜料被土层覆盖后反射谱发生了很大变化，在570～760nm的波长范围内，反射率增大；使颜色失真。但经过显现加固剂显现后，570～760nm波长范围的反射率降低，反射曲线得到修正，基本符合原色的反射曲线变化规律。

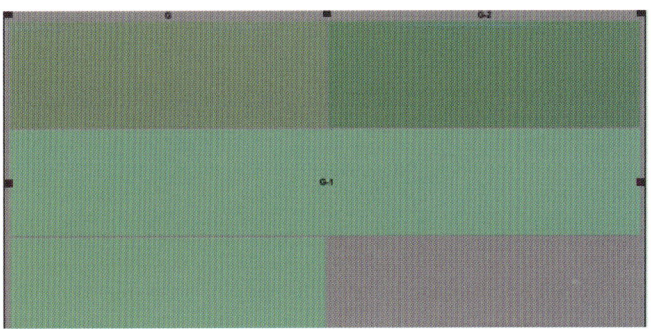

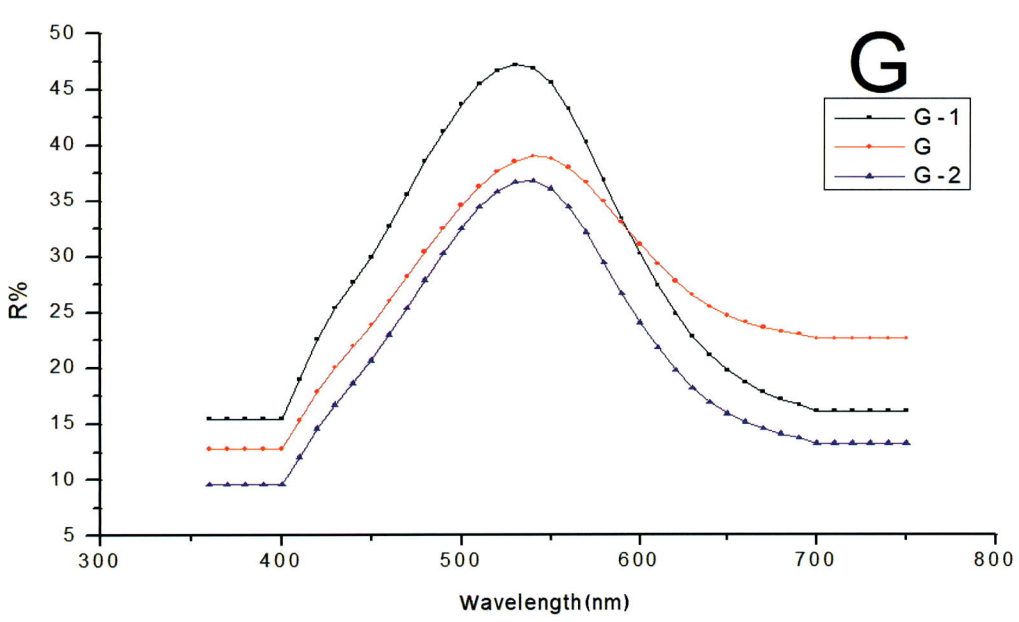

图六九　石绿彩绘陶片表观图与反射率曲线

4. 剩余薄层土锈的粒径和厚度定量表征

土锈剩余薄层的准确厚度为多少时，再进行显现加固处理，初始原貌的恢复效果才能达到最佳状态，显现剂的使用才能消除"空气（空隙）—粒子（间隔）"界面导致的光散射现象。经验型准确做法如下：去除土锈至土锈下层的古代壁画、文物彩绘的图案或文字模糊、隐约可见时，用易挥发性有机溶剂酒精或丙酮试探性处理，如果底层原貌能够完整再现，待溶剂挥发后，又隐约可见时停止去除，如果用酒精或丙酮处理，被遮盖的形貌不能够完整再现，则需要继续去除，直至有机溶剂能使其完整再现。那么"隐约可见"时土颗粒的粒径究竟为多大，厚度为多少呢？什么条件下使用显现加固剂才可以将其模糊不清的面貌显现出来呢？所以我们对其进行了如下的准确测量，并从光学角度对其进行阐述。

方法一：

① 不同粒径范围土的制备：将土在研钵内研磨、研细，分别经过400目、200目、100目的筛子过筛，过筛后将粒径分为三种不同范围的土粒：$d < 400$，$400 < d < 200$，$200 < d < 100$，其中400目$d=38.5\mu m$，200目$d=75\mu m$，100目$d=150\mu m$。

② 颜料表层土的制备：将0.04g的土加入含有250mL无水乙醇的烧杯中，定速电动搅拌10分钟，迅速将制好的壁画模拟样板悬于烧杯中，静置半小时，用滴管轻轻地吸出样板上层的多余液，避免将飘落在颜料表层的土粒聚集，露出颜料层时，保持表层平行，提出模拟样板，自然晾干；再用加湿器喷湿颜料层，增加土与颜料层间的附着力，自然晾干。

③ 用脱脂棉蘸取显现加固剂涂刷进行显现操作，自然晾干；对显现前后的宏观原貌拍照记录，再在环境扫描电镜下对显现加固前后的微观形貌进行观察。

宏观原貌对比观察如下：

（显现前）　（显现后）　　　　（显现前）　（显现后）

图七〇　显现前后对比　　　　图七一　显现前后对比

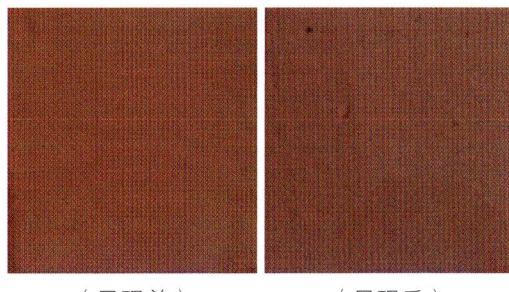

图七二　显现前后对比

由图七〇~图七二明显看出，当表层土粒径小于400目和400~200目之间，显现后颜料层清晰、鲜艳。而土粒径处于200~100目之间显现后无明显变化，颜料层仍模糊不清。表明土颗粒处于200~100目时，存在部分颗粒对光产生的散射作用是显现剂的填充无法消除，所以达不到显现的效果。

微观形貌对比观察如下：

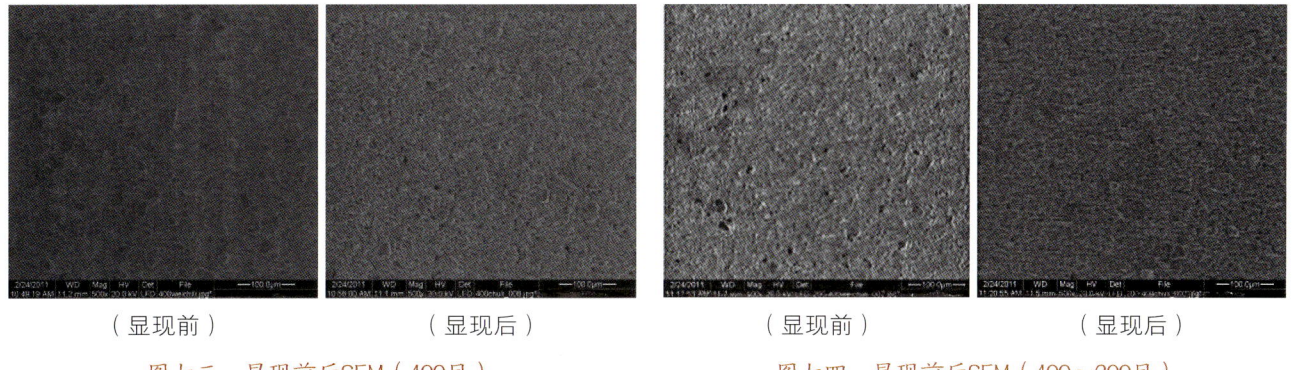

图七三　显现前后SEM（400目）　　　　　图七四　显现前后SEM（400~200目）

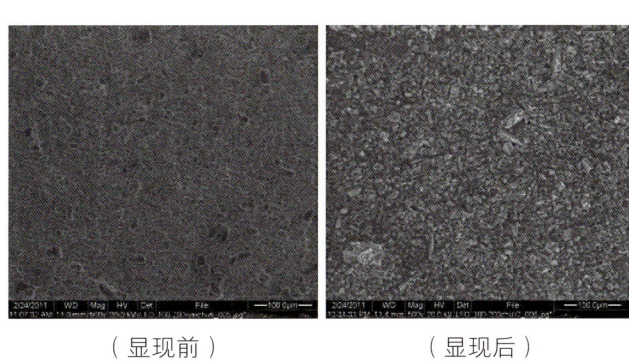

图七五　显现前后SEM（200~100目）

对表层含有不同粒径土颗粒的壁画模拟样板，在环境扫描电子显微镜下显现前后进行微观形貌对比。通过图七三～图七五对比可见，显现前颜料表层模糊不清，且土颗粒聚集明显易见。显现后，土粒径小于200目的模拟样板，表层均变得清晰且平滑，土颗粒聚集度在视觉上明显降低，粗糙度减小。土粒径处于200～100目的壁画模拟样板，表层颗粒聚集度无明显变化，表层粗糙度依然很大，只有局部区域较平滑。

从宏观和微观形貌对比观察都表明当表层污物粒径小于200目时，显现加固剂的显现效果很好，而处于200～100目时存在部分颗粒无法通过显现加固剂消除表层的光散射而达到显现效果。

④ Brucke红外谱图分析

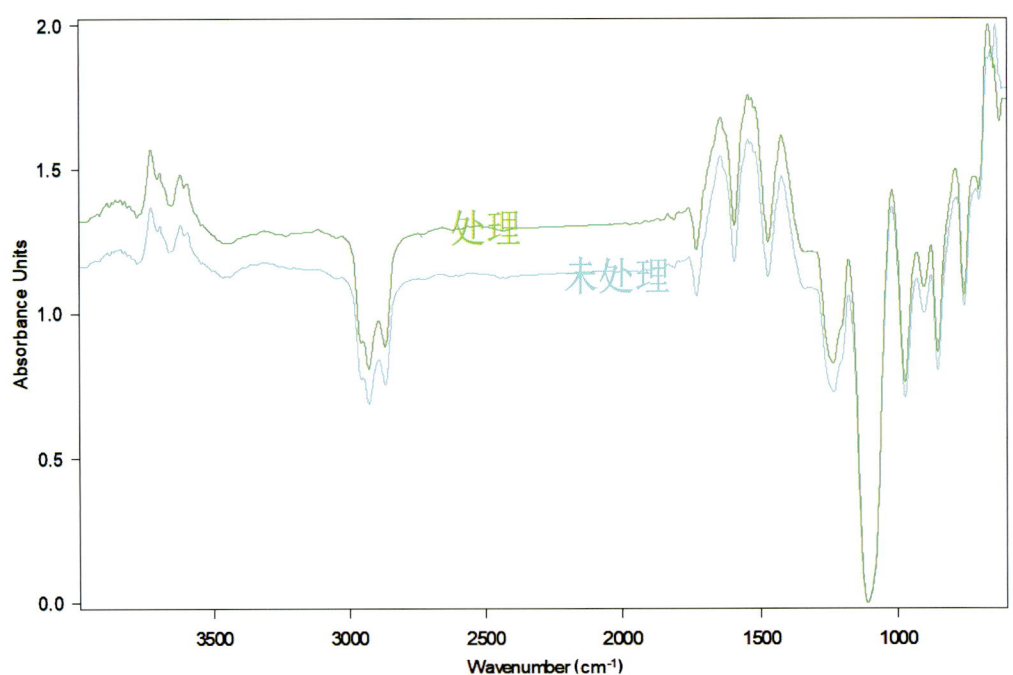

图七六　谱图对比（200～100目）

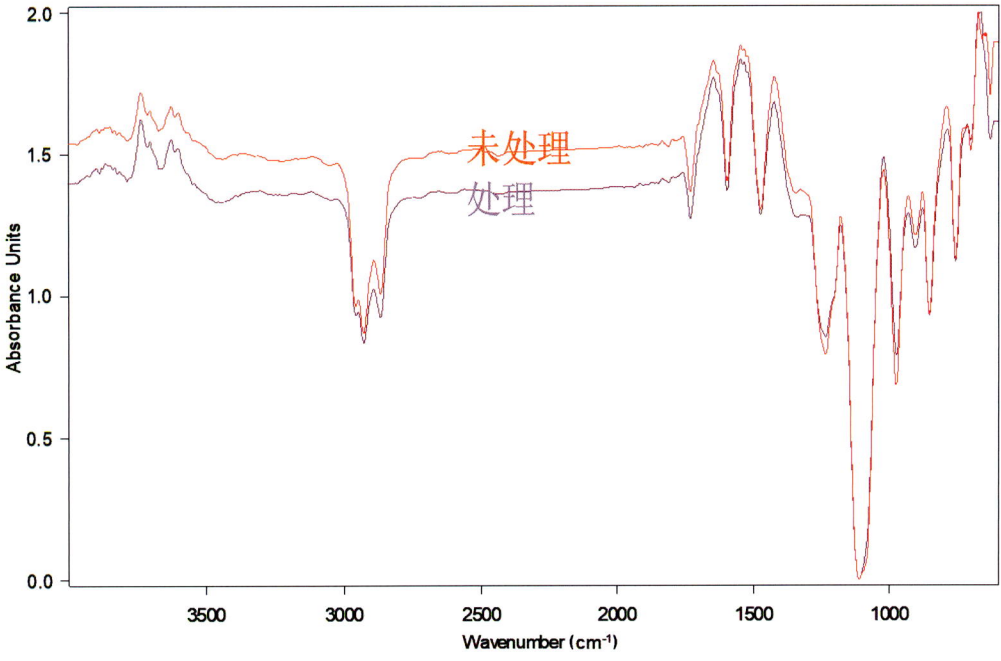

图七七 谱图对比（400～200目）

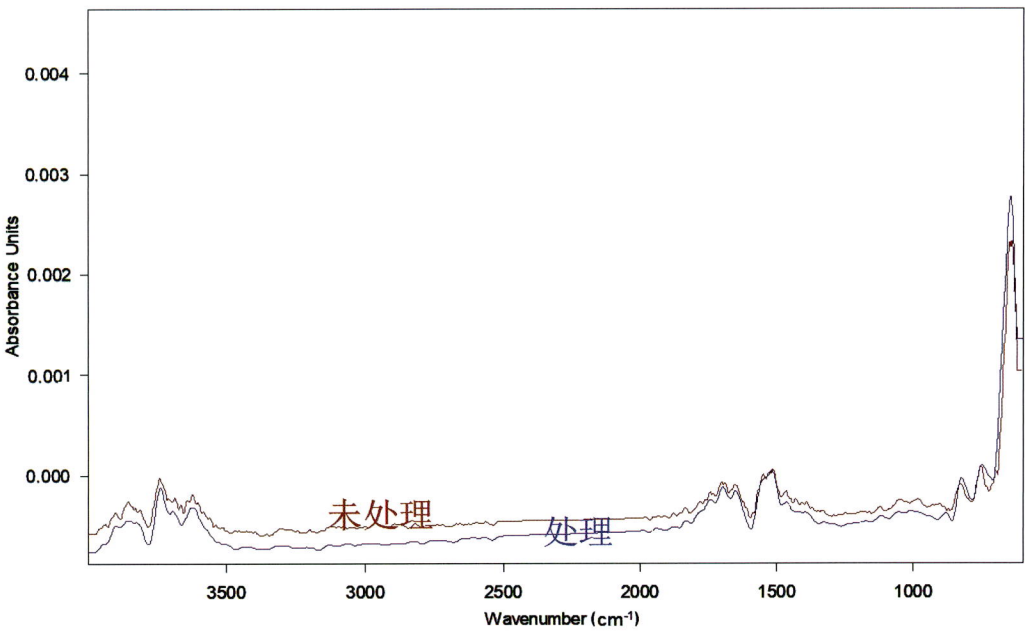

图七八 谱图对比（小于400目）

由图七六~图七八明显可见：不同粒径显现前后的吸收峰值几乎不变，但吸光度发生微小变化。对于未处理的样板400~200目的吸光度最大，200~100目的吸光度次之，400目以内的吸光度最小。而样板经过显现加固剂处理以后，小于200目的吸光度都小于显现前的，而200~100目的吸光度则大于显现前的。可见土颗粒的粒径大小对吸光度有较小影响，而显现加固剂的加入对光的吸收峰值几乎无影响。说明显现剂的加入不会对颜料层表面的光学作用产生影响。

由方法一可以明显得出当细土薄层的粒径小于200目时，由于细土的存在，原本模糊不清的颜料层经过显现加固剂显现处理以后颜料层变得清晰可见且色彩鲜艳，而当粒径处于200~100目区间时，显现处理后的颜料层仍模糊不清，说明存在部分粒径无法通过显现加固剂达到显现的目的，所以仍需继续准确测出显现加固所能显现的颗粒粒径和厚度。

方法二：

首先，将颜料与5%的明胶水溶液以质量比为4∶1混合研磨均匀，涂抹于薄膜上，制备颜料层表面黏结200~100目细土的模拟样板（方法同上）。然后，进行显现处理，原本模糊不清的颜料层经显现后清晰可见。最后，在超景深显微镜下放大100倍对剩余层的粒径（图七九）和厚度（图八〇）进行定量测试，厚度的测量需要做剖面图。

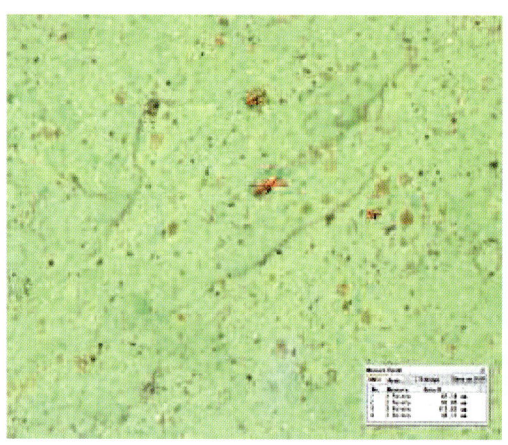 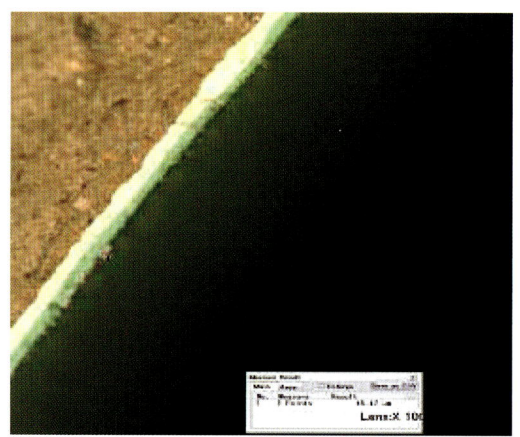

图七九　粒径测量　　　　　　　　　　图八〇　厚度测量

通过上述方法和步骤，测出当去除薄层至粒径大约处在120μm，厚度处在70μm范围内的土颗粒均可以通过显现加固剂彻底渗入颜料层和地仗层，填充表层的"空气（空隙）-粒子（间隔）"界面，消除光散射作用，达到显现效果，最终恢复其初始的古朴原貌，且不伤及颜料层，还对颜料层起到很好的加固作用。而土颗粒的粒径大于120μm，厚度大于70μm时，表层污染物对光的作用就由散射变为反射。

光通过散射介质其强度衰减符合以下方程：$I(z) = I_0 \exp(-2u_s z)$ 其中，$I(z)$为深度为z时的光强度，I_0为入射光强度，u_s为散射系数，z为光程。散射系数是与散射质点的大小、数量及散射质点与基体相对折光率等因素有关。显然，散射质点与基质不变时，散射强度将随散射光程呈幂次下降。

为了验证光散射强度随散射光程下降的关系，利用厚度为4μm纸张12层叠压，得到总厚度为48μm压模纸。以未处理压模纸作对照，微量离子液体引入到压模纸作为降低光散射样。在压模纸下面紧贴具有荧光标记的纸张，通过不断揭去纸张，分别测定处理及未处理的不同厚度压模纸荧光强度。结果表明：荧光强度随压模纸厚度呈现幂次下降，且经处理的压模纸荧光强度显著高于未处理样。说明引入离子液体能够显著降低光散射。对于处理的压模纸而言，8层以上时，荧光强度变化不大。说明在此条件下，8层厚度是光能够达到的极限值。测算其厚度为32μm左右。对于未处理样而言，6层厚度是光能够达到的极限值。测算其厚度为24μm左右。该模拟研究表明：光进入散射层时，存在极限光程。即对于确定的散射介质，只有散射层降低到一定程度时，散射层下部的物质才有可能接触到入射光，散射层底部物质的光学特性才有可能呈现出来。同时结果还表明，在相同条件下，显现处理样接受入射光深度明显大于未处理样。因此，对于彩绘层上部存在光散射层而言，无论显现处理与未处理样，散射层减薄到一定程度时入射光才能接触到颜料，从而使颜色显现出来。不过，显现处理样减薄程度远小于未处理样。显然，减薄越少越有利于彩绘层安全。因此，该模拟实验说明：即使几十个微米厚度的散射层存在，经显现处理后，散射层底部的颜色也可以得到呈现（图八一、图八二）。

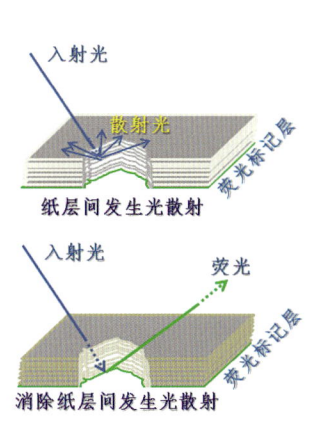 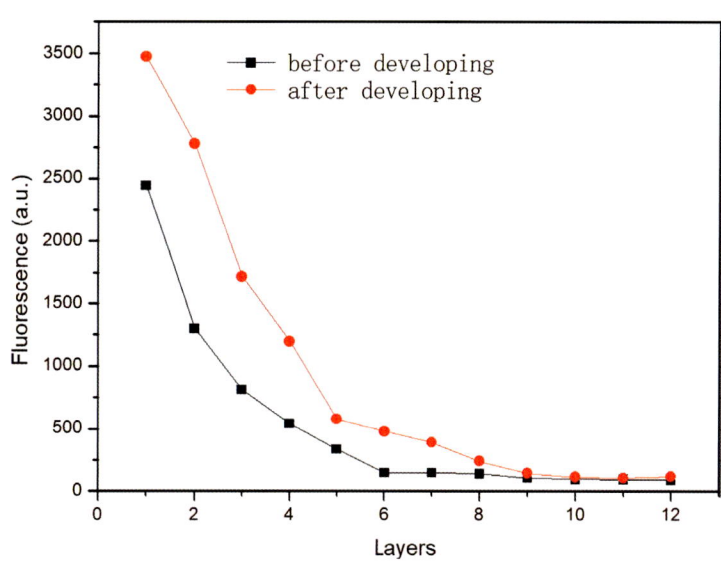

图八一　基于荧光标记揭示压模纸光散射厚度与散射光强衰减关系示意图（左）与标记层荧光强度随压模纸厚度衰减曲线（右）

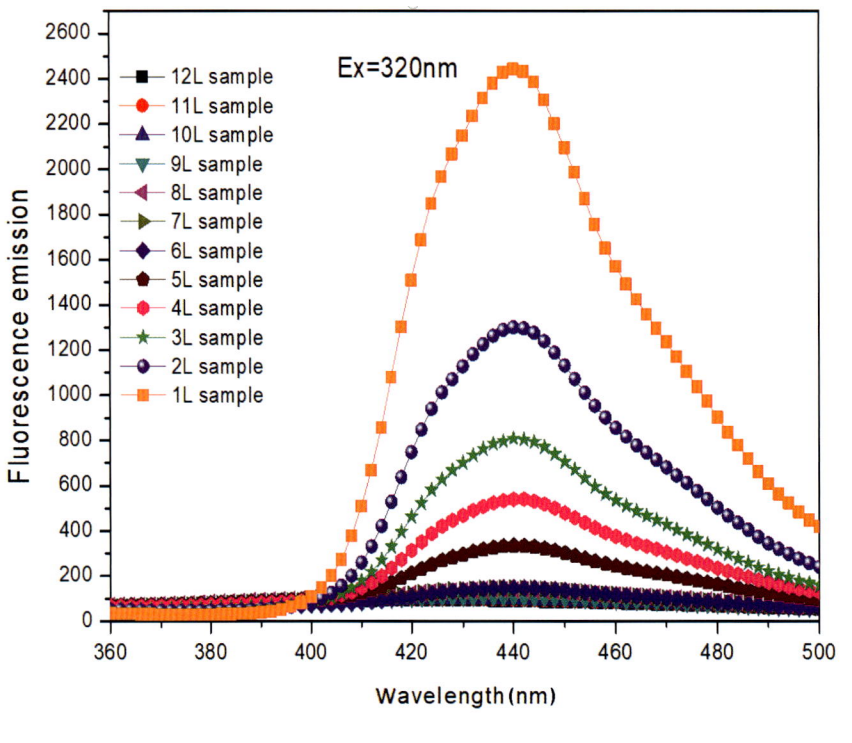

未处理样

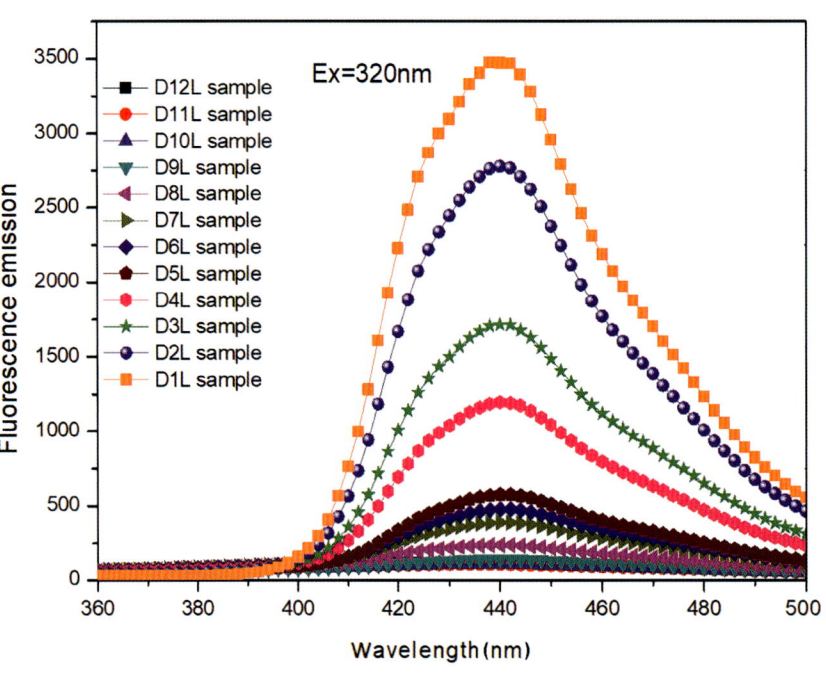

显现处理样

图八二 不同厚度压模纸荧光标记层荧光光谱

5. 孔隙大小的测定

（1）样品的制备

在80℃的水浴条件下分别熬制2%、5%、8%、11%不同质量比的明胶水溶液，分别与钛白粉按1∶1的质量比混合均匀，涂于自制地仗上作为白灰层，自然晾干，再将不同比例的明胶水溶液与石绿按1∶1的质量比混合均匀，迅速涂于白灰层上，制成含水量不同的颜料、胶料层壁画模拟样板，迅速倒入液氮冷冻，再在冷冻干燥机中干燥24小时。

（2）孔隙测定和形貌观察

采用超景深显微镜在100倍条件下对冷冻干燥后的壁画模拟样板的孔隙大小进行测量（图八三），再在环境扫描电子显微镜对其微观形貌进行观察和分析（图八四）。

图八三　孔径大小测量　　　　图八四　孔隙大小扫描电镜图

壁画模拟样板经过冷冻干燥，由于颜料、胶料层中胶料内含的水分，在液氮的迅速冷冻下冻结，经过冷冻干燥机进行干燥处理，使冻结的水分蒸发，只留下胶料，所以颜料、胶料层会出现很多弥散的微小孔隙。不同浓度胶结材料的孔隙测量如图八三，结果如下：11%的孔隙大小约为7.21μm，8%的孔隙大小约为9.03μm，5%的孔隙大小约为10.08μm，2%的孔隙大小约为13.82μm。依据数据可知：胶结材料随着胶料水溶液浓度的减小，孔隙逐渐增大。明胶水溶液浓度不同，胶料层中的含水量也不同，浓度越小，含水量越多，干燥过程中挥发的水分就越多，孔隙就越大。通过环境扫描电子显微镜微观观察由图八四可见，表面出现很多微小的孔隙，不同样板的空隙大小不同。

（3）表观颜色

经过冷冻干燥后壁画模拟样板的表观颜色变化从左到右胶结材料的浓度依次增大分别为2%、5%、8%、11%。

图八五　表观颜色变化图

由图八五可知，壁画模拟样板经过冷冻干燥，由于使用不同浓度的胶料，颜料层表面出现不同大小的孔隙，影响光和物体表面的光学作用如散射、干涉等现象，所以相同颜料的色彩发生改变。光源与物体本身决定了颜色的三个属性，即色调、饱和度和亮度。颜料、胶料层由于胶结材料浓度的不同，水分的挥发量不同，产生不同大小的微米级孔隙，导致颜料、胶料层的亮度产生差异。5%样板的颜色鲜艳度最大，8%、11%样板的颜色发暗、加深。

（4）Bruche红外谱图分析

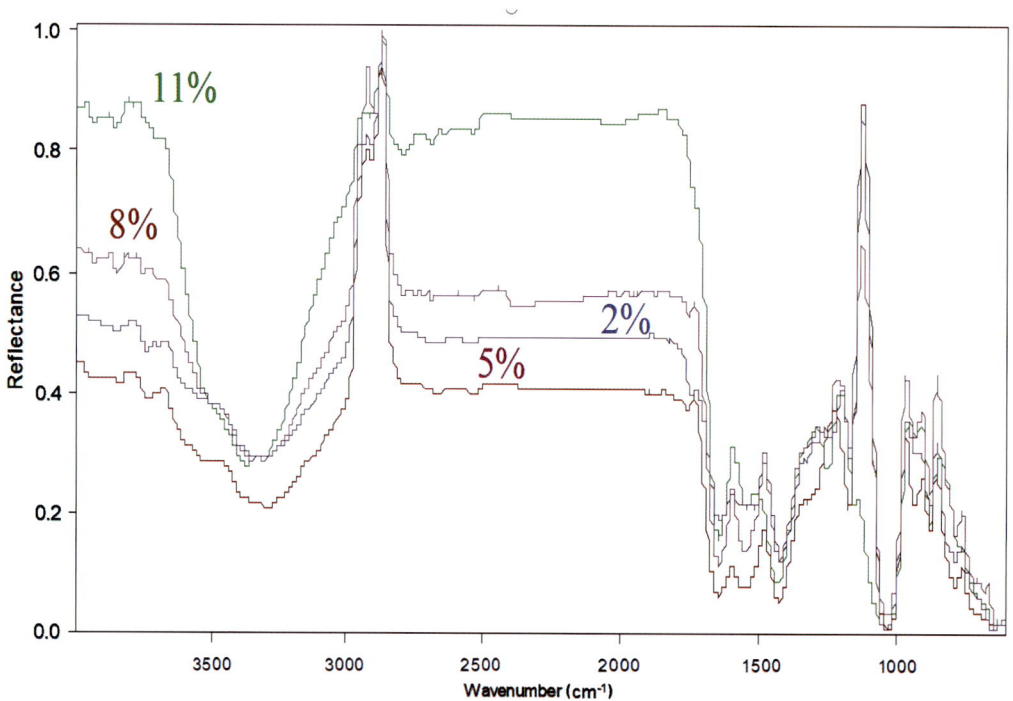

图八六　布鲁克红外对比

经过冷冻干燥后的壁画模拟样板，对不同浓度胶结材料的颜料、胶料层进行Bruche红外全反射谱图分析孔隙大小对颜料色彩的影响。由图八六可知，四种不同浓度胶料的反射峰值几乎相同，只是反射强度产生较小变化。11%浓度的反射强度最大，而2%的反射强度处于8%和5%中间，5%浓度反射强度最小，说明孔隙大小不影响颜料层的特征反射峰，只影响其反射强度，所以颜料层表现出不同的色泽和亮度。

6. 折射率的测试

古代壁画、文物彩绘在绘制过程中，颜料、胶料层中的颜料颗粒与胶料之间形成了一种连续性和间断性界面。随着时间的推移，内在因素和外界环境的影响，胶料发生老化、降解，原有的连续性界面被破坏变为间歇性界面，内部出现孔隙。空气或其他微粒的侵入，使颜料、胶料层形成一种"空气（空隙）-粒子（间隔）"界面，此界面对入射光产生散射作用，视觉上颜料色彩淡化，甚至消失。

"空气（空隙）-粒子（间隔）"界面，导致的光散射现象是由于空气、空隙与颜料、胶料层对光折射率的差异而导致。颜料、胶料层原本为连续相，去除土锈至"隐约可见"时，变为颜料颗粒处于上述界面的"孤岛"之中。针对上述光学现象，对显现剂的折射率进行测试表征，实验数据显示：两种膜的折射率值几乎相同，可以作为一种很好的文物保护修复材料。

样品膜的制备：将明胶和水按质量比配制为5%的明胶溶液，在80℃的水浴条件下熬制至溶液呈透明状，用滴管在玻璃板上流延，自然晾干，制得明胶膜；同上，再在明胶膜的基础上滴加不同比例配置好的显现加固剂样品。除明胶外，其他样品的溶剂为香蕉水。在折射率测试过程中，采用碘苯作为折射率的标准液。

表二　不同样品膜的折射率值

名称	折射率1	折射率2	折射率3	平均值
Gel（5%）	1.6153	1.6149	1.6152	1.6151
G+F（1∶2）	1.6161	1.6163	1.6162	1.6162
G+D（1∶2）	1.6176	1.6172	1.6175	1.6174
G+X	1.6154	1.6156	1.6150	1.6153

注：Gel代表明胶；F代表氟的共聚物；D代表癸二酸二（1,2,2,6,6-五甲基-4-哌啶基）酯；X代表显现加固剂。

由表二数据可知，涂加显现剂的明胶膜和明胶膜的折射率值最为相近，也就是说显现剂的加入能够使颜料和胶料介质的折射率与初始条件几乎相同，所以显现加固剂的加入，能够彻底渗透颜料层和地仗层，填充表面孔隙，消除空气、空隙、尘埃对光的折射与颜料、胶料层的差异。既能恢复初始的连续性和间歇性界面，又能恢复初始颜料和基料间的折射率差，使颜料层表面的光散射减弱，光学现象达到初始状态。

7. 壁画模拟样板的微观形貌

壁画模拟样板在湿热和紫外条件下分别老化四周后，对老化后的样板涂刷显现加固剂进行显现处理，然后在环境扫描电子显微镜下观察老化前后和显现前后的微观形貌。

壁画模拟样板经过湿热和紫外老化，通过图八七中老化前后的对比图可以看出颜料、胶料层受到紫外线照射和温、湿度影响后发生严重的酥碱、粉化现象，粗糙度增大且出现很多弥散的大小不同的孔隙。显现后颜料表层平整、光滑，孔隙明显变少、变小，粗糙度降低，均匀性增强。说明显现加固剂的加入，能够很好地填充颜料、胶料层表面的微孔，消除表层光散射界面，达到显现加固的目的。

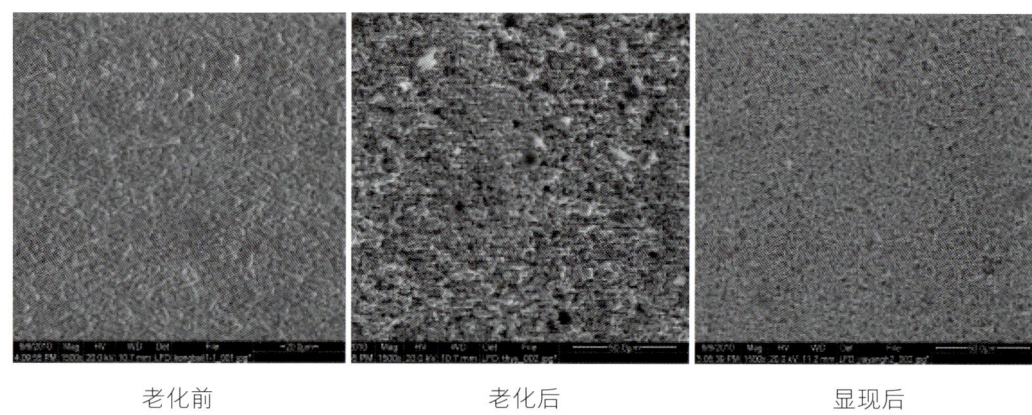

老化前　　　　　　　　　老化后　　　　　　　　　显现后

图八七　显现前后对比图

膜的观察和分析：

采用环境扫描电子显微镜在低真空条件下和布鲁克红外谱图观察分析去除剂和显现加固剂对明胶膜表观形貌的影响。

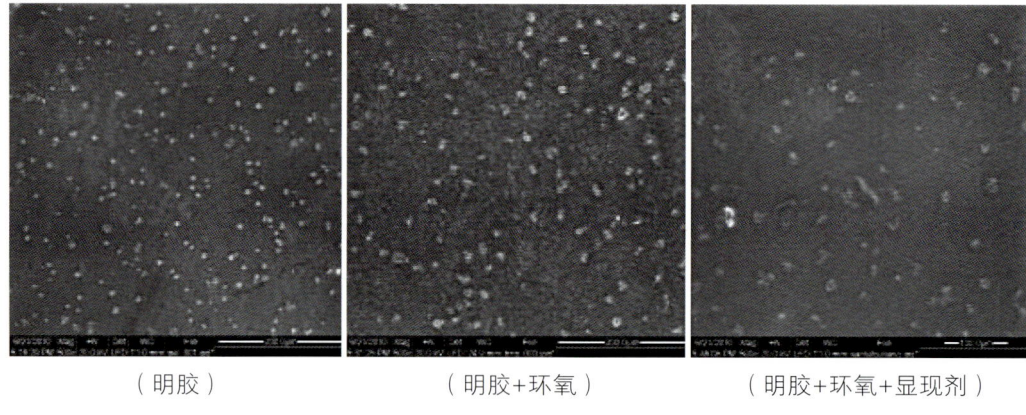

（明胶）　　　　　　（明胶+环氧）　　　　（明胶+环氧+显现剂）

图八八　不同膜的SEM

由图八八可见，明胶是以晶体形态分布，且分布较密集。水性环氧的加入使明胶晶体形态变得不规则且稀疏、松散、模糊。而显现加固剂的加入使晶体形态更加模糊，晶体数量显著变少且形态不规则。因为明胶大分子间极性基团和氢键的相互作用，使晶体分布密集。水性环氧和显现加固剂的加入添加了羟基、醚键等基团，这些基团可以与明胶中的羟基、羧基等相互作用，使晶体形态分布松散且不规则。明胶晶体形态分布规则且密集，导致明胶膜很脆，而水性环氧和显现剂的加入使明胶膜的晶体松散，增加了膜的柔韧性。

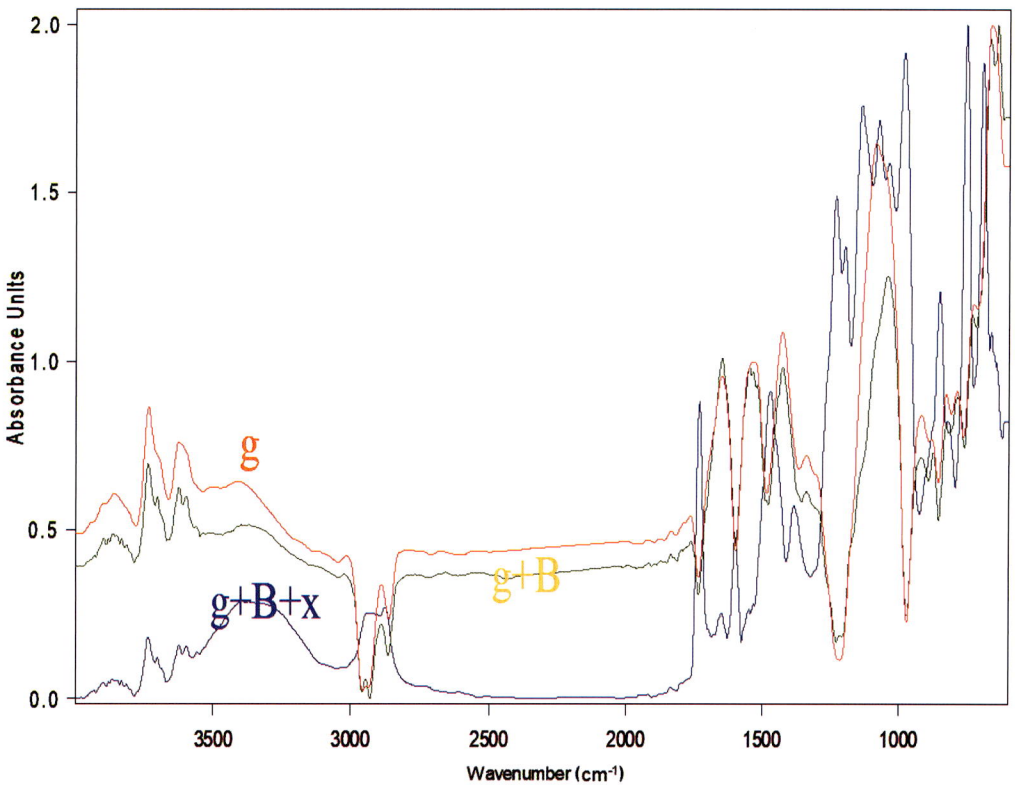

图八九　不同膜的红外谱

比较图八九中三条谱线（g：明胶，B：环氧，x：显现剂）。环氧和显现剂的加入使原本3400～3500cm^{-1}处的N—H和O—H伸缩以及氢键消失，说明环氧和显现剂中的醚键、羟基、氨基等基团和明胶分子中的羟基、氨基发生交联反应，降低明胶膜的脆性，使膜的柔韧性增强。

三、保护性去除与显现加固应用实施案例（图九〇、图九一）

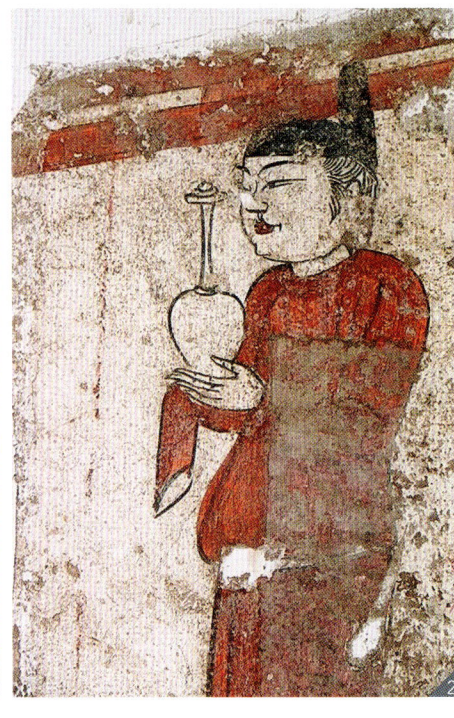

图九〇　咸阳文保中心唐墓壁画男侍图保护性去除效果

1. 去除前　2. 保护性去除后（2006年7月去除显现加固并拍摄）　3. 显现加固后

第四章　黏结钙化土锈与污泥的保护性去除　065

图九一　咸阳文保中心唐墓壁画男侍腰部及腿部图保护性去除效果

1. 去除前　2. 保护性去除后（2006年7月去除显现加固并拍摄）　3. 显现加固后

第四节
壁画钙化土锈的保护性去除

对壁画上的钙化土锈,前述几种去除方法难去除,也极易伤及古代壁画原貌与历史信息。对此,本项目设计了沉淀无后遗症去除土锈的材料、工艺与方法,能在其颜料胶料层不受损伤的情况下,完整再现其原貌和历史信息。

实验仪器:D/Max2550VB+/PC全自动X射线衍射仪,由日本Rigalcu公司生产,测试条件:电压45KV,电流80mA,铜靶,石墨单色器滤波;VHX-600K超景深三维光学显微镜,由日本Keyen公司生产;Quanta200环境扫描电镜,由荷兰Philips-FEI公司生产;DC-P3型全自动色差计,由北京市兴光测色仪器公司生产;KBF240恒温恒湿箱,由德国宾德公司生产。

一、壁画上钙化土锈成分进行分析

本项目方案在星子明代高僧墓壁画中选取壁画隐蔽表面土锈,用手术刀切取少量放入样品袋中,采用环境扫描电子显微镜和X-射线衍射仪对钙化土锈样品进行了分析。

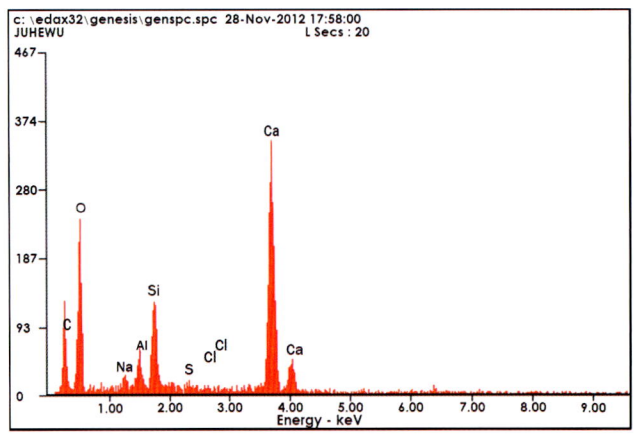

Element	Wt %	At %
CK	25.57	36.86
OK	45.45	49.18
NaK	00.20	00.15
AlK	01.91	01.23
SiK	05.01	03.09
S	00.31	00.17
ClK	00.27	00.13
CaK	21.29	09.20

图九二 壁画表面硬质钙化物SEM-EDX成分分析

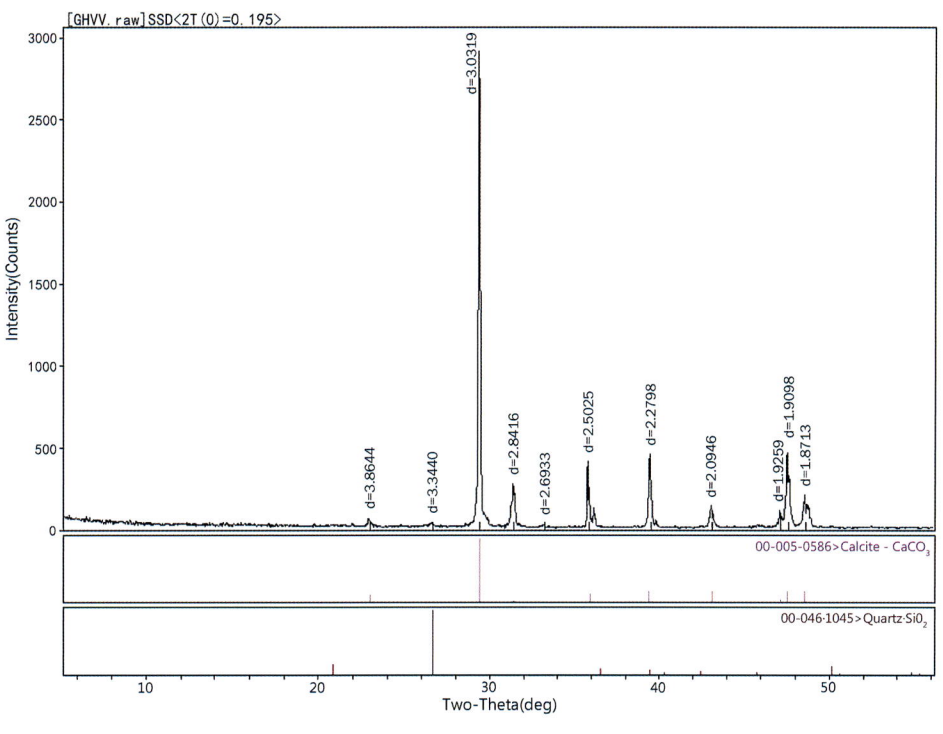

图九三　壁画表面硬质钙化物XRD分析

由图九二、图九三分析可知，壁画表面硬质钙化物主要成分为$CaCO_3$和SiO_2。$CaCO_3$通常不会对壁画造成损坏，然而一旦形成坚硬的垢层，将十分难以去除。而土锈中的SiO_2会随着水分的蒸发缓慢向壁画表面迁移，形成白色SiO_2或硅酸盐的硬壳层。

二、钙化土锈保护性去除研究

1. 草酸水溶液的浓度对钙化土锈去除效果的影响

将泥土40g、碳酸钙5g均匀混合，用水喷湿，用磨具压成直径为5cm、厚为1cm的4块钙化土锈模拟样品，晾干，备用。

将乙醇与质量分数分别为4%、5%、6%、10%的草酸水溶液按体积比1∶5混合均匀，分别配制成钙化土锈去除剂5mL。用镊子夹住脱脂棉，分别蘸取不同质量分数的草酸水溶液配制的钙化土锈去除剂，分别涂擦在4块钙化土锈模拟样品上，晾干。采用超景深三维光学显微镜观察用钙化土锈去除剂处理前后钙化土锈模拟样品的形貌变化，结果如图九四～图九七。

图九四　用质量分数为4%的草酸水溶液处理钙化土锈前（左半边）、后（右半边）模拟样品的超景深三维光学显微镜对比照片

图九五　用质量分数为5%的草酸水溶液处理钙化土锈前（左半边）、后（右半边）模拟样品的超景深三维光学显微镜对比照片

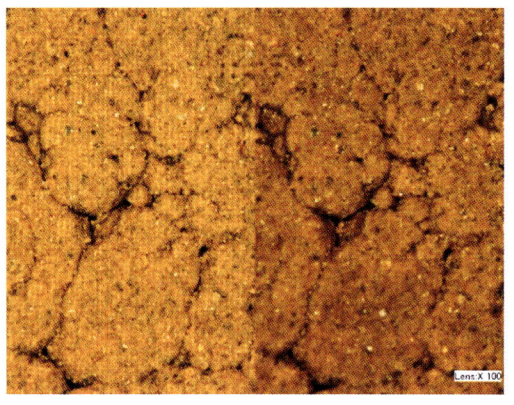 

图九六　用质量分数为6%的草酸水溶液处理钙化土锈前（左半边）、后（右半边）模拟样品的超景深三维光学显微镜对比照片

图九七　用质量分数为10%的草酸水溶液处理钙化土锈前（左半边）、后（右半边）模拟样品的超景深三维光学显微镜对比照片

由图九四～图九七可见，草酸水溶液的质量分数为4%和5%时，配制成的钙化土锈去除剂对钙化土锈模拟样品作用不大，土颗粒结构没有明显变化，草酸水溶液的质量分数为6%和10%时，钙化土锈模拟样品的土颗粒结构松散，结合机械方法有助于土锈的去除。

2. 草酸水溶液与乙醇体积比对古代壁画和文物彩绘颜料层的影响

（1）制作壁画模拟样品

选择石绿彩绘颜料，颜料为国画颜料，由中央美术学院附中颜料厂（即北京金碧斋美术颜料厂）生产，颜料板均为颜料加明胶。颜料板制作方法如下：

① 将408g泥土与1cm长的麦秆6g混合，加入118g的蒸馏水搅拌均匀，用15cm×12cm的木模具制作地仗模拟样品。

② 在地仗模拟样品表面涂抹1mm厚石膏作为底层，自然晾干。

③ 取石绿5g，与质量分数为1%的明胶水溶液3g调制成颜料糊，用毛笔将其均匀涂在石膏层表面，厚度为0.1～0.2mm。

④ 室温自然晾干，制备5块壁画模拟样品。

（2）壁画模拟样品的处理方法

将乙醇与质量分数为6%的草酸水溶液按体积比为0∶1、1∶1、1∶3、1∶5、1∶6混合均匀，分别配制成钙化土锈去除剂5mL，用镊子夹住脱脂棉，分别蘸取钙化土锈去除剂，涂擦在颜料层上，采用超景深三维光学显微镜观察颜料层的形貌，结果见图九八～图一〇二。

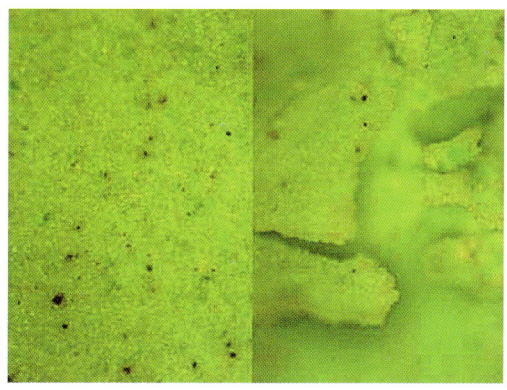

图九八　乙醇与质量分数为6%的草酸水溶液的体积比为0∶1时处理钙化土锈前（左半边）、后（右半边）颜料层的超景深三维光学显微镜对比照片

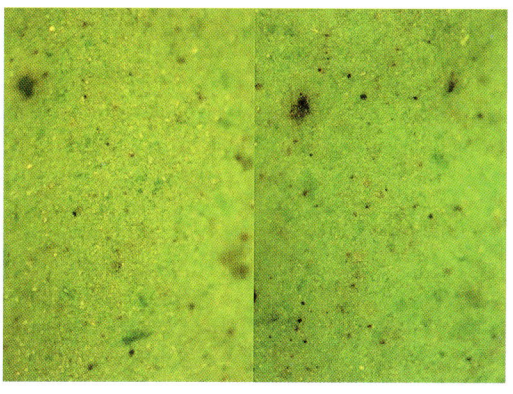

图九九　乙醇与质量分数为6%的草酸水溶液的体积比为1∶1时处理钙化土锈前（左半边）、后（右半边）颜料层的超景深三维光学显微镜对比照片

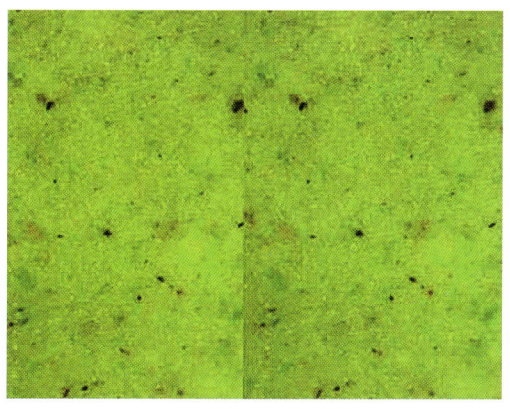

图一〇〇　乙醇与质量分数为6%的草酸水溶液的体积比为1∶3时处理钙化土锈前（左半边）、后（右半边）颜料层的超景深三维光学显微镜对比照片

图一〇一　乙醇与质量分数为6%的草酸水溶液的体积比为1∶5时处理钙化土锈前（左半边）、后（右半边）颜料层的超景深三维光学显微镜对比照片

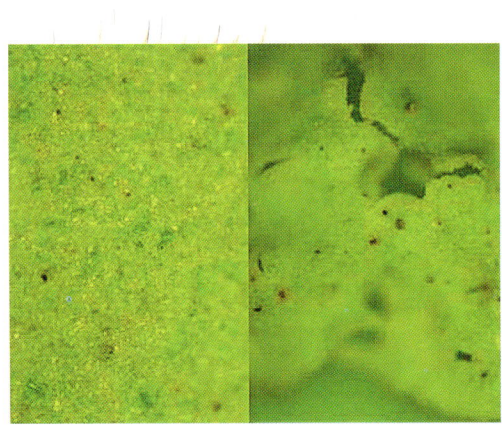

图一〇二 用乙醇与质量分数为6%的草酸水溶液的体积比为1:6时处理钙化土锈前(左半边)、后(右半边)颜料层的超景深三维光学显微镜对比照片

由图九八~图一〇二可见,乙醇与质量分数为6%的草酸水溶液的体积比为1:1、1:3、1:5时对颜料层没有影响,颜料层没有出现龟裂,说明钙化土锈去除剂在钙化土锈去除过程中伤及不到颜料层。乙醇与质量分数为6%的草酸水溶液的体积比为0:1、1:6时,颜料层龟裂,说明伤及到了颜料层。

综合以上试验,本项目方案选择乙醇与质量分数为6%~10%的草酸水溶液按体积比为1:1~5配制成钙化土锈去除剂,最佳选择乙醇与质量分数为6%的草酸水溶液按体积比为1:5配制成钙化土锈去除剂。

3. 模拟样品钙化土锈去除前后微观形貌观察

将泥土40g、碳酸钙5g均匀混合,用水喷湿,用磨具压成直径为5cm、厚为1cm的2块钙化土锈模拟样品,晾干,备用。

将乙醇与质量分数为6%的草酸水溶液按体积比为1:5混合均匀,配制成钙化土锈去除剂5mL;用镊子夹住脱脂棉,蘸取钙化土锈去除剂,涂擦在其中1块钙化土锈模拟样品上,晾干,另1块钙化土锈模拟样品不涂擦钙化土锈去除剂作为对照样品。

采用环境扫描电镜观察2块钙化土锈模拟样品的形貌变化,结果见图一〇三、图一〇四:

图一〇三 未涂擦钙化土锈去除剂的对照样品的扫描电镜照片

图一〇四 涂擦钙化土锈去除剂的钙化土锈模拟样品的扫描电镜照片

由图可见，未涂擦钙化土锈去除剂的钙化土锈模拟样品，土颗粒堆积比较致密，而涂擦钙化土锈去除剂的钙化土锈模拟样品，土颗粒结构松散，空隙变大，采用精细工艺容易去除钙化土锈。在实地去除古代壁画、文物彩绘上钙化土锈的过程中效果明显。

4. 钙化土锈去除后颜料层的微观形貌观察

按照实验3中的方法制作4块壁画模拟样品，其中2块用镊子夹住脱脂棉，蘸取乙醇与质量分数为6%的草酸水溶液按体积比为1∶5配制成的钙化土锈去除剂，在壁画模拟样品的左边涂擦3～5次，待渗透完以后，用镊子夹住脱脂棉蘸取质量分数为7%的氢氧化钡甲醇溶液与乙醇的体积比为1∶1配制成的中和溶液，在涂擦钙化土锈去除剂的壁画颜料层涂擦3～5次，晾干作为壁画模拟样品，另外2块作为空白对照样品。

用环境扫描电镜和超景深三维光学显微镜观察壁画模拟样品颜料层的形貌变化，结果如图一〇五～图一〇八。

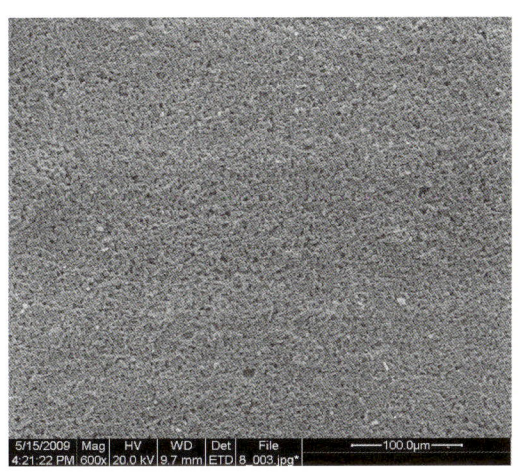

图一〇五　未处理的石绿壁画模拟样品颜料层的扫描电镜照片

图一〇六　已处理的石绿壁画模拟样品颜料层的扫描电镜照片

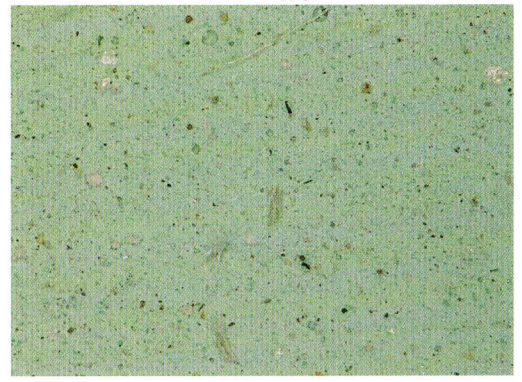

图一〇七　未处理的石绿壁画模拟样品颜料层的超景深三维光学显微镜照片

图一〇八　已处理的石绿壁画模拟样品颜料层的超景深三维光学显微镜照片

由图可见，未处理的壁画模拟样品颜料层，颜料颗粒堆积相对致密，采用本发明去除方法处理的壁画模拟样品颜料层与未处理的壁画模拟样品颜料层相比微观结构无明显变化。实验结果表明，本发明去除古代壁画、文物彩绘上的钙化土锈时，渗透、残留在壁画颜料层的去除剂对壁画颜料层无明显影响。

5. 观察壁画模拟样品去除前后色差变化

按照实验3中的方法制作朱砂、石绿、铁红、炭黑壁画模拟样品各4块，其中2块朱砂、2块石绿、2块铁红、2块炭黑壁画模拟样品先涂擦乙醇与质量分数为6%的草酸水溶液按体积比为1∶5配制成的钙化土锈去除剂，再涂擦质量分数为7%的氢氧化钡甲醇溶液与乙醇按体积比为1∶1配制成的中和溶液，晾干，1块朱砂、1块石绿、1块铁红、1块炭黑壁画模拟样品置于温度为80℃、相对湿度为65%的KBF240恒温恒湿箱中老化28天，另1块朱砂、1块石绿、1块铁红、1块炭黑壁画模拟样品置于功率为25W、高度为20cm的紫外灯下老化28天，每隔7天观察一次，记录观察结果，采用1976年CIE L* a* b*色坐标体系来评价（DC-P3型全自动色差计）老化前后颜色变化，色差值计算公式：

$$\Delta E = [(\Delta L^*)^2 + (\Delta a^*)^2 + (\Delta b^*)^2]^{1/2}$$

式中ΔE为色差值、ΔL^*为明亮度差、Δa^*为红绿色度差、Δb^*为黄蓝色度差，ΔE值越大说明颜色改变越大，反之则说明颜色改变越小。ΔE评价标准见表三，测试和计算结果见表四。

表三　ΔE评价标准

等级	ΔE	变色程度
1	0.0～2.0 ΔE	无变色
2	2.0～4.0 ΔE	很轻微变色
3	4.0～6.0 ΔE	微小到中等；在一些应用中可接受
4	6.0～8.0 ΔE	中等；可接受
5	8.0～10.0 ΔE	较大变色；勉强接受
6	10.0 ΔE以上	严重变色；不可接受

表四　壁画模拟样品湿热老化、紫外老化色差变化

时间（天）	铁红（ΔE）		炭黑（ΔE）		石绿（ΔE）		朱砂（ΔE）	
	湿热老化	紫外老化	湿热老化	紫外老化	湿热老化	紫外老化	湿热老化	紫外老化
7	2.43	2.36	2.76	3.84	2.85	3.84	1.39	2.27
14	3.34	2.66	2.83	3.94	3.45	4.30	1.97	2.39
21	3.51	3.19	2.95	4.35	3.65	4.44	2.25	3.02
28	3.57	3.67	3.48	4.91	4.22	4.92	3.04	3.64

另外2块朱砂、2块石绿、2块铁红、2块炭黑壁画模拟样品先涂擦乙醇与质量分数为6%的草酸水溶液按体积比为1∶3配制成的钙化土锈去除剂，再涂擦质量分数为7%的氢氧化钡甲醇溶液与乙醇按体积比为1∶1配制成的中和溶液，晾干，1块朱砂、1块石绿、1块铁红、1块炭黑壁画模拟样品置于温度为80℃、相对湿度为65%的KBF240恒温恒湿箱中老化28天，另1块朱砂、1块石绿、1块铁红、1块炭黑壁画模拟样品置于功率为25W、高度为20cm的紫外灯下老化28天，每隔7天观察一次，记录观察结果。色差的测试方法和色差值的计算方法与上述方法相同。测试结果见表五。

表五　壁画模拟样品湿热、紫外老化色差变化

时间（天）	铁红（ΔE）		炭黑（ΔE）		石绿（ΔE）		朱砂（ΔE）	
	湿热老化	紫外老化	湿热老化	紫外老化	湿热老化	紫外老化	湿热老化	紫外老化
7	2.89	3.94	1.66	3.01	4.08	2.27	1.91	1.46
14	3.20	3.94	2.27	3.20	4.69	2.81	2.56	1.67
21	3.51	3.70	2.35	3.31	4.76	3.86	2.84	1.72
28	3.66	3.95	3.32	3.47	4.89	3.89	2.93	2.41

由表四和表五可见，壁画模拟样品经紫外老化、湿热老化后的色差随老化时间的延长都有不同程度的改变，变化比较小，从视觉上感觉不到颜色的变化，表明本发明在去除古代壁画上的钙化土锈时，不会对壁画颜料层颜色造成影响，满足文物修复要求，实地去除效果好。

6. 观察壁画模拟样品去除前后附着力变化

按照实验3中的方法制作石绿壁画模拟样品3块，1块为空白样品；另外2块先涂擦乙醇与质量分数为6%的草酸水溶液按体积比为1∶5配制成的钙化土锈去除剂，再涂擦质量分数为7%的氢氧化钡甲醇溶液与乙醇按体积比为1∶1配制成的中和溶液，晾干，1块置于温度为80℃、相对湿度为65%的湿热老化箱老化28天，另1块置于功率为25W、高度为20cm的紫外灯下老化28天。按《漆膜附着力测定法》[GB 1720-79 (89)]测试湿热老化样品、紫外老化样品、空白样品的附着力。

测试步骤是用刀片在石绿壁画模拟样品上切平行切痕，切痕长10～20mm，切痕间距为1mm，切穿石绿壁画模拟样品的整个深度，在平行的切痕上垂直切同样切痕，形成许多小方格，用宽为25mm的半透明压敏胶带贴在整个正方形切痕划格上，猛拉胶带，石绿壁画模拟样品表面所剩方格的数目用来表征石绿壁画模拟样品颜料层的附着强度，其中0级最好，5级最差，附着力评级标准见表六。每隔7天观察一次，记录观察结果，测试结果见表七。

表六　附着力评级标准

0级	1级	2级	3级	4级	5级
					大于四级严重脱落

表七　石绿壁画模拟样品去除前后附着力变化

老化时间（天）	1	7	14	28
空白样品	1级	1级	2级	3级
湿热老化样品	1级	1级	1级	2级
紫外老化样品	1级	1级	1级	2级

由表七可见，壁画模拟样品去除前后颜料层的附着力随着老化时间的延长都有不同程度的降低。而用钙化土锈去除剂与中和液处理后的湿热老化样品、紫外老化样品比空白样品的附着力好。

7. 测定文物彩绘模拟样品去除前后颜料层黏结强度变化

为了检测去除方法对文物彩绘模拟样品颜料层黏结性的影响，采用自制的黏结强度仪进行测量，仪器改装方法如下：将DW-1天极恒速电动搅拌器（巩义市予华仪器有限责任公司）的搅拌器头改装为刷头，保持刷头紧贴待测颜料表面进行反复转动磨刷。仪器的电机功率为60W，转速为0～2000r/min，可调。黏结强度测量方法：使用刷头以90r/min旋转磨刷颜料层10min，观察颜料表面状态的变化，如是否有划痕、脱落等，并用天平准确称量脱落颜料的质量（M）以此评估该去除方法对颜料层黏结强度的影响。

将5g白色颜料与质量分数为5%的明胶水溶液按质量比为1∶1混合，均匀涂刷在打磨平的陶片上作为陶衣，自然晾干，将5g石绿与质量分数为5%的明胶水溶液按质量比为2∶1混合，均匀涂刷在陶衣上，自然晾干，制成文物彩绘模拟样品4块，其中3块先涂擦乙醇与质量分数为6%的草酸水溶液按体积比为1∶5配制成的钙化土锈去除剂，再涂擦质量分数为7%的氢氧化钡甲醇溶液与乙醇按体积比为1∶1配制成的中和溶液，晾干，分别记为1号样品、2号样品、3号样品。另一块为空白样品。采用上述自制的黏结强度仪测试文物彩绘模拟样品去除前后颜料层的黏结强度，测试结果见表八。

表八　文物彩绘黏结强度实验结果

样品	初始质量	磨刷后质量	磨刷掉的颜料质量（m/g）
空白	71.8482	71.8395	0.0087
1号样品	71.7109	71.7050	0.0059
2号样品	85.2338	85.2240	0.0098
3号样品	75.3226	75.3140	0.0086

由表八可见，采用本发明去除古代壁画上的钙化土锈时，对壁画颜料层的黏结强度影响不大。

三、钙化土锈去除工艺

针对钙化土锈病害，用喷砂机配以不同目数的石英砂，经精细喷砂去除至隐约可见时，用显现加固剂对其进行原貌恢复。

四、壁画黏结钙化土锈保护性去除典型案例（图一〇九）

图一〇九　南唐二陵濒危彩画钙化土锈保护性去除效果

1. 去除前（2009年9月拍摄）　2. 喷砂去除后（2010年10月拍摄）
3. 显现加固后（2010年11月拍摄）　4. 跟踪观察（2013年3月拍摄）

第五节
壁画黏结土锈
与污泥的去除效果

（图一一〇～图一二一）

图一一〇　壁画黏结土锈与污泥的去除效果

1. 去除前　2. 去除中　3. 保护性去除后

图一一一　壁画黏结土锈与污泥的去除效果

1. 去除前　2. 保护性去除后

图一一二　壁画黏结土锈与污泥的去除效果

1. 去除前　2. 保护性去除后

第四章 黏结钙化土锈与污泥的保护性去除 081

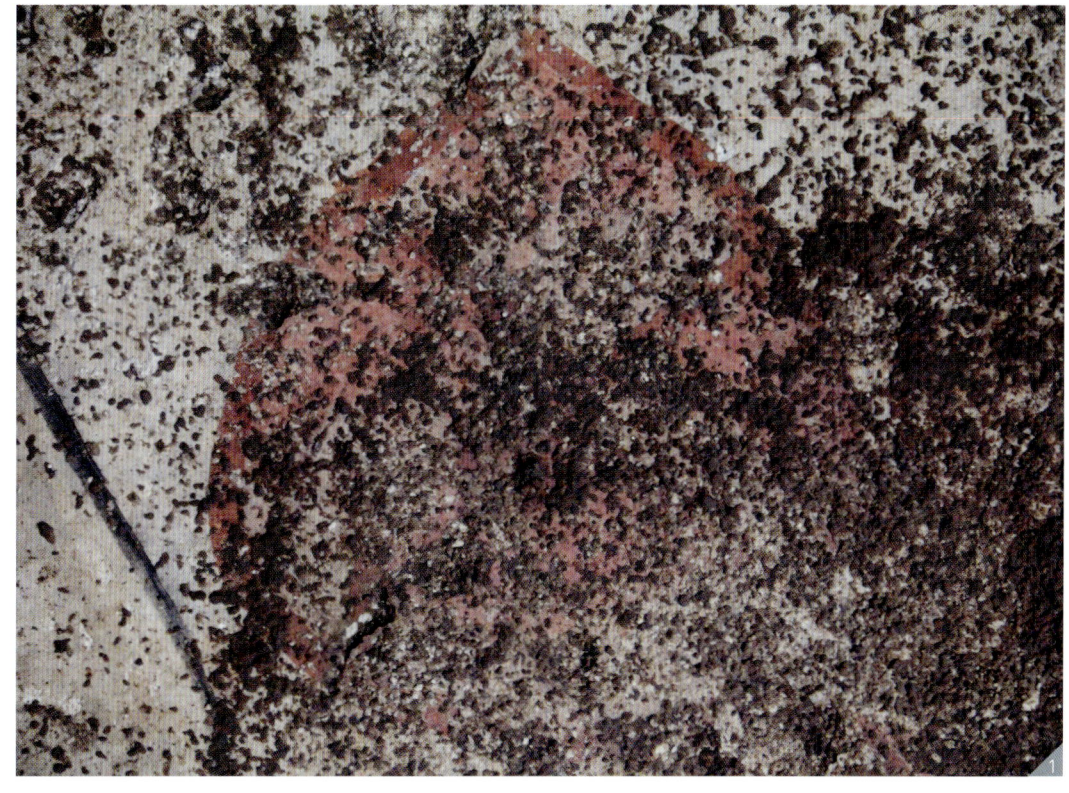

图一一三 壁画黏结土锈与污泥的去除效果
1. 去除前 2. 保护性去除后

图一一四 壁画黏结土锈与污泥的去除效果
1. 去除前 2. 保护性去除后

第四章 黏结钙化土锈与污泥的保护性去除 083

图一一五 壁画黏结土锈与污泥的去除效果
1. 去除前　2. 保护性去除后

图一一六 壁画黏结土锈与污泥的去除效果
1. 去除前　2. 保护性去除后

图一一七 壁画黏结土锈与污泥的去除效果
1. 去除前 2. 保护性去除后

图一一八　壁画黏结土锈与污泥的去除效果
1. 去除前　2. 保护性去除后

图一一九　壁画黏结土锈与污泥的去除效果
1. 去除前　2. 保护性去除后

图一二〇　壁画黏结土锈与污泥的去除效果
1. 去除前　2. 保护性去除后

第四章 黏结钙化土锈与污泥的保护性去除 089

图一二一 壁画黏结土锈与污泥的去除效果
1. 去除前　2. 保护性去除后

第五章
开裂、破碎、离位壁画地仗层回位修复与填充加固

第一节
回位修复剂的筛选原则

针对墓室壁画地仗层破碎、开裂、离位的复杂状况和回位修复的稳定需求,研究设计了回位修复材料的筛选原则:

(1)渗透性:对于颜料层和地仗层等有良好的渗透性,使之经过渗透而重新成为一体;

(2)黏结性:相对于地仗层开裂的颜料层有良好的黏结性,否则起不到修复的作用;

(3)透气性:要保证修复后整体可以进行水汽的正常交换,从而避免产生不应有的作用力;

(4)颜料不能产生变色影响:对于颜料层应该相对惰性,而不能因此发生颜料层的变色;

(5)耐老化性:尽可能采用耐老化性能较好的材料。

第二节
回位修复材料的选择

根据壁画现状和修复工作的具体要求，我们认为将软化剂和黏结剂的作用合二为一，即所选择的材料首先对于壁画开裂的残片能够软化，然后通过适当的外力作用将其回位，这样可以减少修复工作的程序，降低难度。

本项目组合作单位陕西师范大学历史文化遗产保护教育部工程研究中心经多年的实践研究，研制了对起翘、脱落的胶料彩绘具有黏结与增韧双重作用的水性氟与水溶性环氧溶液回位加固剂。经老化测试证明其耐久性优异。同时还研究设计了精细回位、加固修复工艺，该回位加固材料2010年5月已获国家发明专利授权。

水性氟涂料是聚三氟氯乙烯与乙烯基醚的共聚物，由于氟是元素周期表中电负性最大的元素，因此聚合物中氟原子上负电荷比较集中，电负性大，电子云密布，相邻氟原子的相互排斥使氟原子不在同一平面内，主链中C—C—C键角变小，碳碳链成螺旋分布，又由于氟原子的共价半径非常小，这就使得聚合物的主链受到严重的屏蔽而免受外界因素（如紫外光、化学药品等）的直接作用；含氟聚合物中F—C键的键长小、键能很大；氟原子极化率低，分布比较对称，整个分子是非极性的。所以，这些结构上的特点使得含氟聚合物具有很多特殊的性能。

氟材料有很低的表面自由能，使其表面很难被润湿，具有憎水憎油的特点，防污染能力强；由于F—C键的键长小、键能大，因此氟涂料具有优良的耐久性和耐候性，且物理性能优良、熔点低、加工性能好、涂层质量好，能提供长久的保护和装饰作用；突出的耐盐雾性，国外文献已有报道，如日本的旭硝子公司生产的室温干燥型含氟面漆耐盐雾实验可达3000 h内漆膜不起泡、不脱落。而我国某研究所研制的含氟涂料产品经国家涂料检测中心测试，500 h内漆膜无任何变化；氟涂料还具有优异的耐沾污性，由于其分子内部结构致密，所以具有非凡的耐沾污性、斥水、斥油等特殊的表面性能，可以起到很好的防污作用。

氟原子结构上的特点决定了水性氟乳液具有许多特殊的性能：有卓越的耐候性、耐腐蚀性、防霉性能、防水性能、耐碱耐酸、无毒无味性能等优点，近年来在文物和档案保护领域使用较为广泛。

水溶性环氧分子由亲水的羟基（—OH）极性基团和疏水的烷基基团两部分组成，因此，它具有双亲性；同时分子的结构中具有羟基（—OH）、醚键（—O—）和活性极大的环氧基，它们使环氧树脂的分子和相邻界面产生电磁吸附或化学键，因此水溶性环氧有极好的渗透性；水溶性环氧分子中的环氧基又能在固化剂作用下发生交联聚合反应生成网状结构的大分子，分子本身有一定的内聚力，因此水溶性环氧树脂具有良好的柔韧性；分子结构中含有大量的羟基，它们的氢键缔合作用使分子排列紧密，因此环氧树脂的固化收缩率低，其稳定性好、机械强度高，固化后的吸水率低，无活性基团和游离的离子，因而具有优良的电绝缘性；水溶性环氧树脂可在室温和潮湿的环境中固化，有合理的固化时间，并保证有很高的交联密度。

因此本项目方案选择水性氟与水性环氧混合溶液作为起甲、脱落、酥粉壁画的回位加固剂。通过对其流动性、黏结性、胶链固结性等多项性能，在水性聚氨酯、环氧树脂、水性氟多种材料进行筛选对比，自制的水性氟的乙醇-水溶液符合上述条件。

选用水性氟树脂、水玻璃、丙烯酸树脂、B63环氧树脂、水性聚氨酯与水配制成质量比为1∶1、1∶2、1∶3、1∶5、1∶7的溶液，进行了不同黏结材料黏度、pH、亲水性、色差、透气性、表面形貌观察等测试。

（1）黏度测试结果

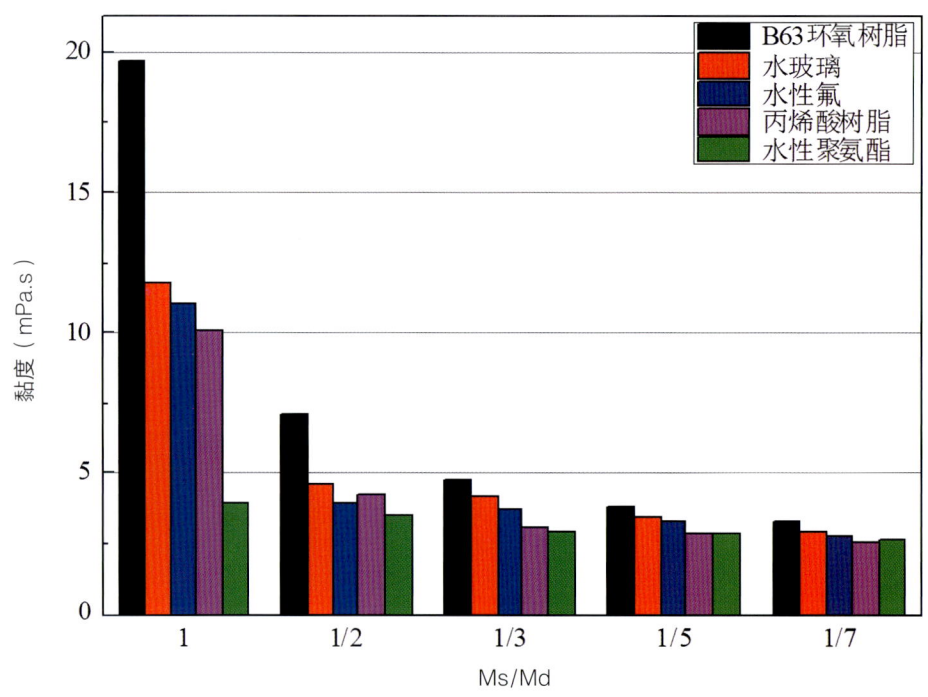

图一二二　黏度测试结果柱形图

当流体在流动时，由于不同层流体间的相对速度不同，会产生速度梯度，这时分子间会做相对运动，产生不同的内摩擦阻力。这种反映流体流动时内摩擦力大小的物理性质称为黏性。黏度是表征物质黏性或者说黏稠程度的物理量，它反映了物质在流动时内摩擦力的大小。宏观上表现为流体流动性大小。黏度过大时，流体流动性差，胶黏材料浸润被黏结物时间长，时间过长容易导致黏结材料未浸润被黏结物就固化，从而大大降低黏结效率。从图一二二可以看出，当黏结材料浓度较大时，B63环氧树脂的黏度最大，而水性聚氨酯黏度最小，其他三种材料黏度适中，随着黏结材料浓度依次减小，其黏度均降低。黏结材料选择黏度适中的黏结材料。

（2）pH测试结果

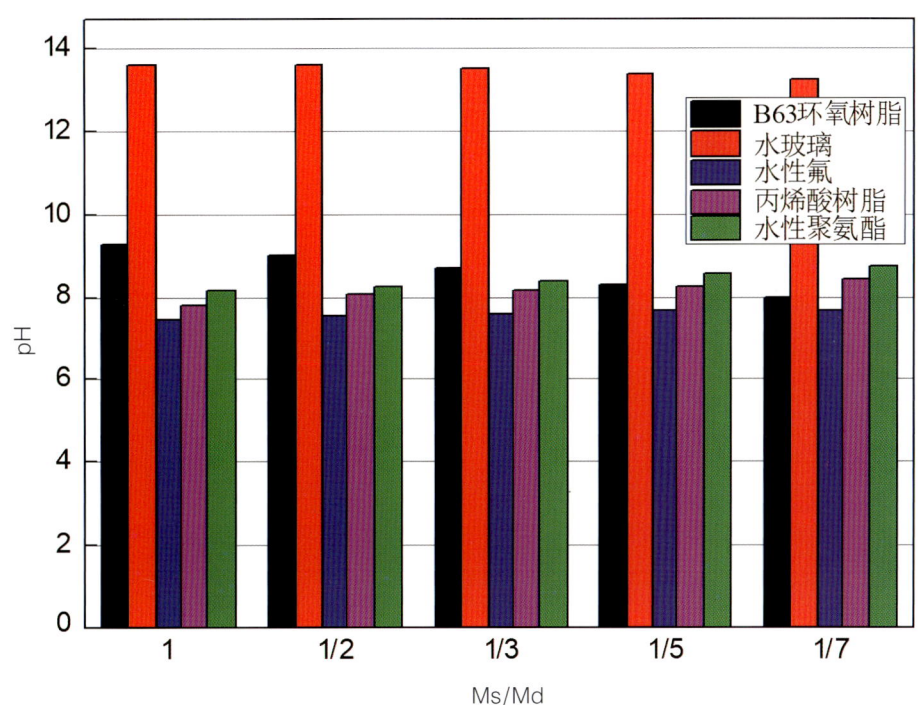

图一二三　pH测试结果柱形图

一般情况下，土壤pH呈弱碱性。从图一二三可以看出，五种黏结材料中水玻璃pH值较大。水性氟、水性聚氨酯、丙烯酸树脂pH值为弱碱性。

（3）接触角测试结果

表九　接触角测试结果

Ms/Md	丙烯酸树脂	水性聚氨酯	水性氟	水玻璃	B63环氧树脂
1∶1	98.6	91.7	74.8	0	0
1∶2	87.3	84.9	70.0	0	0
1∶3	85.9	75.2	66.2	0	0
1∶5	82.0	66.9	62.6	0	0
1∶7	80.4	61.5	54.7	0	0

从表九可以看出，水玻璃和B63环氧树脂接触角为0，有较好的亲水性。丙烯酸树脂、水性聚氨酯、水性氟整体接触角依次减小，说明随着浓度的降低，其亲水性依次增加，其中水性氟的亲水性最好。当浓度大于1∶1时，丙烯酸树脂和水性聚氨酯表现出一定的疏水性，浓度小于1∶1时，表现出亲水性。其中水性氟无论何种浓度，均为亲水性。

（4）色差测试结果

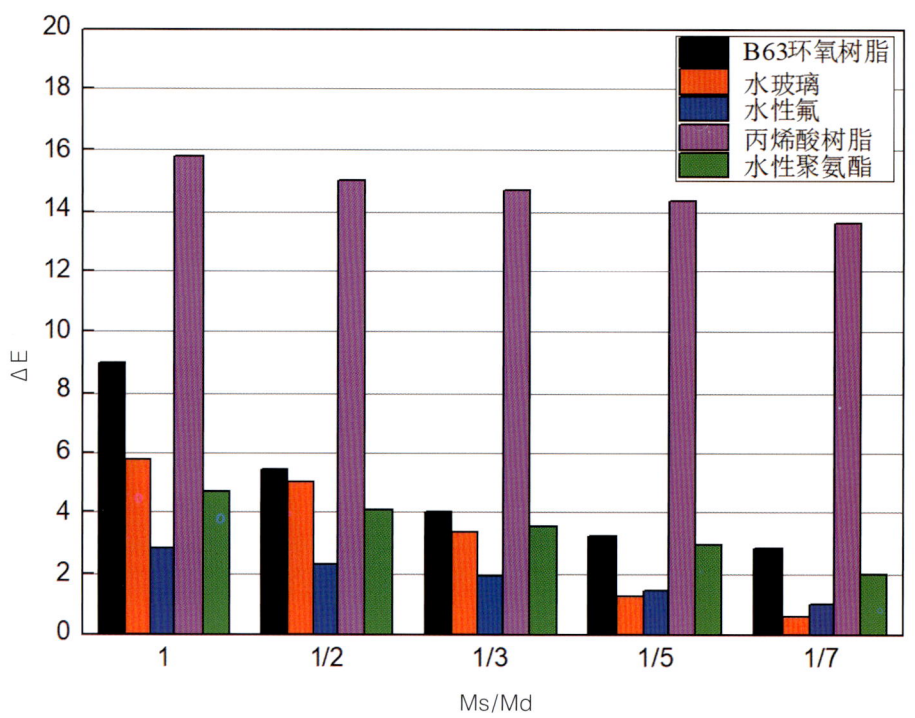

图一二四　色差测试结果柱形图

从图一二四色差数据可以明显看到，丙烯酸树脂对土样的颜色改变最大，B63环氧树脂次之。当浓度较大时，水性氟对土样颜色改变最小，当浓度较小时，水玻璃对土样颜色改变最小。根据文物保护与修复中不改变文物原貌的原则，在选择修复剂时，应该尽量小地改变文物的原貌。

（5）黏结效果表面形貌观察

在超景深显微镜下观察可以看出，滴加水性氟、水性环氧后，土样与空白土样内部结构较接近。而滴加水玻璃的土样虽然直观看颜色变化不大，但一段时间后，土样表面会出现结壳现象，同时在表面形成的硬壳会从土样上剥离下来。滴加丙烯酸树脂的土样表面明显变暗，滴加水性聚氨酯的土样表面形成一层类似于玻璃状的透明物质，均大大改变了土样的原貌（图一二五）。

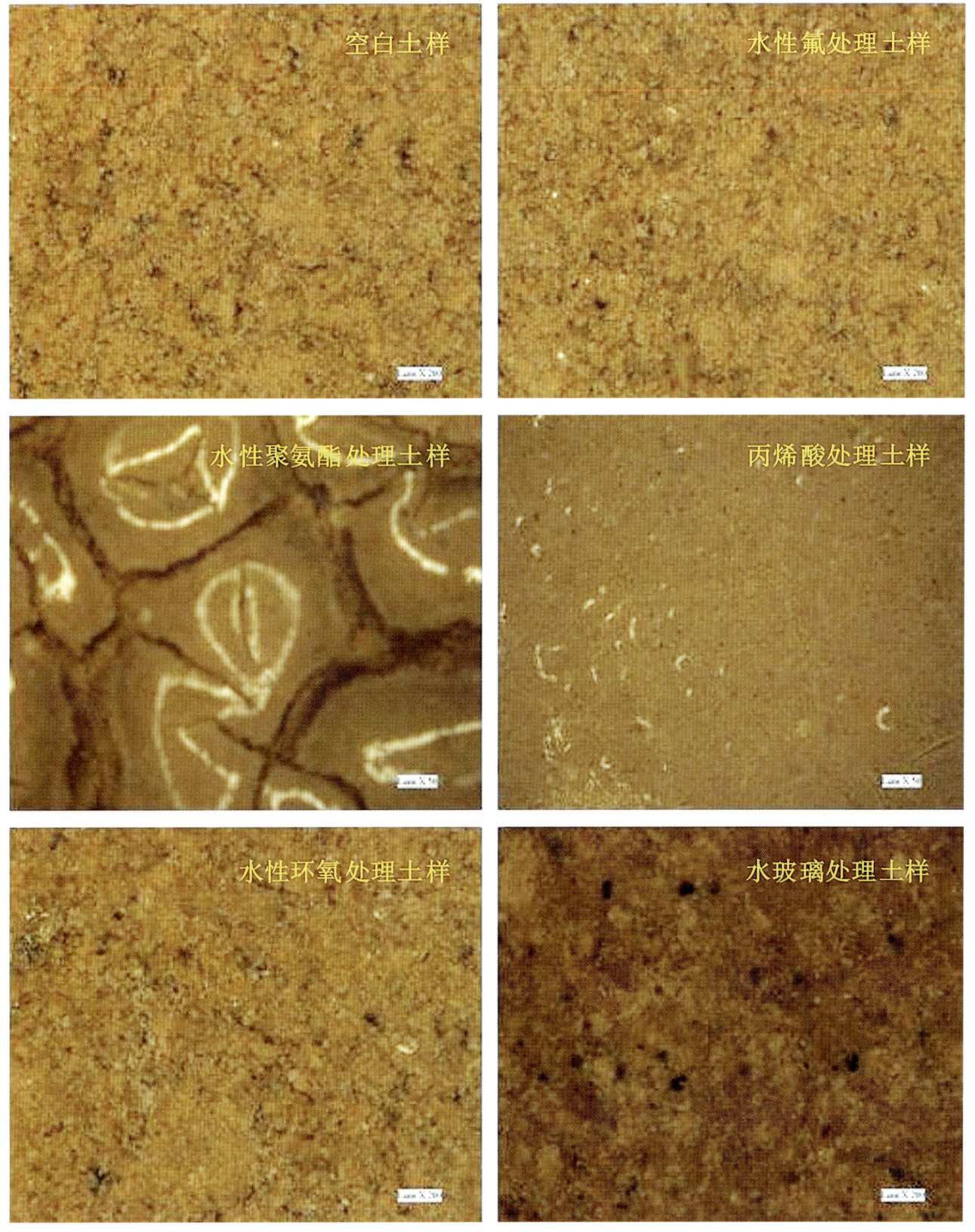

图一二五　空白和不同黏结剂土样的超景深照片

通过以上对丙烯酸树脂、水性环氧、水性聚氨酯、水玻璃与水性氟五种常用黏结材料进行黏度、pH、色差、接触角以及超景深显微镜等分析，综合考虑，筛选出水性氟作为黏结填充的主材料。

第三节　回位修复剂浓度的选择

室温条件下，配制质量比分别为1∶9、2∶8、3∶7、4∶6、5∶5、6∶4（溶剂为水与乙醇按1∶9、2∶8、3∶7、4∶6、5∶5、6∶4比例混合）的水性氟-乙醇水乳液，在磁力搅拌器上搅拌至均匀分散后，于试剂瓶中密封，以备后期分析使用。

1. 黏度测试

测试方法：参照胶黏剂黏度测定方法（GB/T-1995），采用SNB-AI智能布氏黏度计，对其进行黏度测试。条件为温度：25℃，0号转子，转速200 r/min，单位：mPa.s。每个试样测定三次，取平均值。

测试结果：

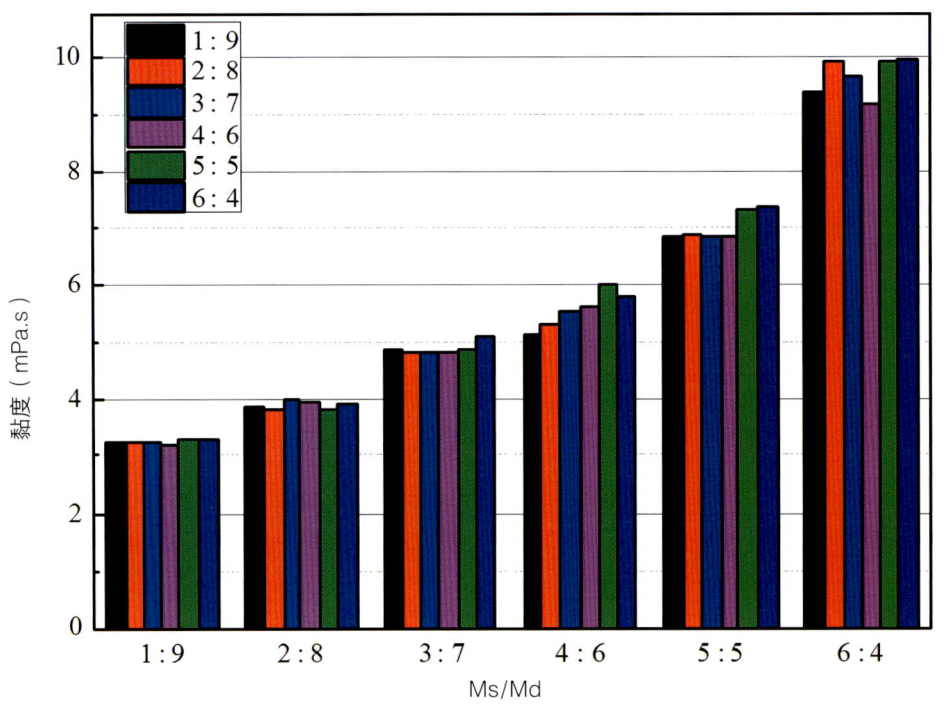

图一二六　黏度测试结果

由图一二六可知，当水性氟含量相同时，不同水与乙醇比例的溶剂，对乳液黏度影响不大；当水性氟浓度的增加时，乳液黏度有较大的改变。黏度过大会使得乳液流动性变差，不宜于回位修复黏结。因此，在考虑黏结力达到要求的情况下，应选择尽量低黏度的乳液。

2. 固化厚度测试

在涂有真空硅脂的载玻片（尺寸：25mm×75mm）上滴，用量为4mL/载玻片，待乳液固化后，形成片状薄膜，用电子数显游标卡尺测量薄膜厚度，每个比例测量10次，测量结果取平均值，单位：mm。

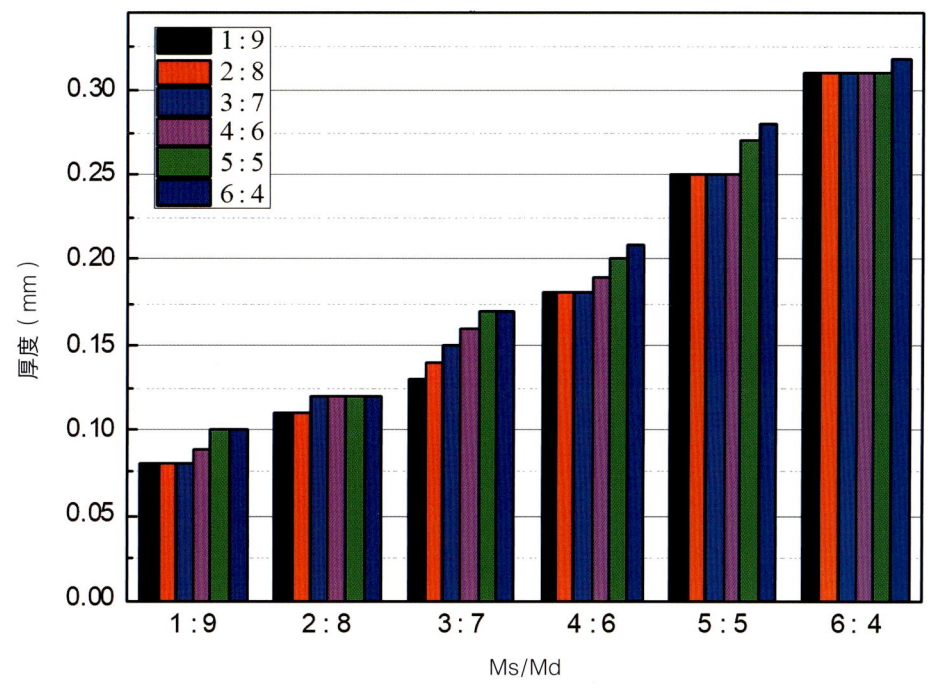

图一二七　厚度测试结果

回位修复材料固化后在土样内部颗粒空隙间形成网状结构，若固化后尺寸过大，会完全填充土样颗粒间的孔隙，大大降低土样的透气性。从图一二七可以看到，当水性氟浓度一定时，在载玻片上滴渗形成的薄膜片厚度几乎相同。而随着水性氟含量的增加，固化形成的薄膜厚度也随之增加。

3. 强度测试

用QT-1136PC电脑伺服系统万能材料试验机测量回位修复材料固化后的拉伸强度。

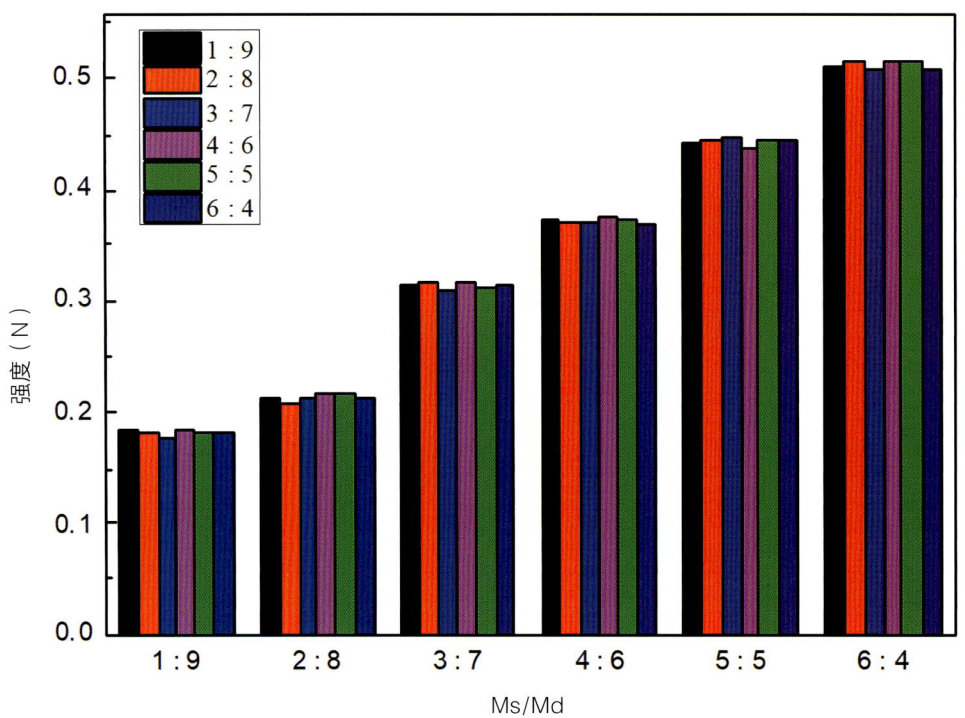

图一二八　机械强度测试结果

回位修复的强度是回位修复效果最重要的评价指标。一般来讲，黏结材料黏结强度越大越好。但是，将一个多孔、松散的材料强度提高到像水泥、岩石一样的东西是不允许也不现实的。对于文物的修复而言，只能适度，并不是越强越好，最佳的强度是增加后的文物强度接近或者略高于原文物的强度。从图一二八可以看出，当水性氟含量一定时，无论水和乙醇比例如何，固化后材料的强度几乎相同，而随着水性氟含量的增加，固化后材料强度也增加。

4. 稳定性测试

乳液中乳胶粒能否稳定地分散在溶剂介质中决定了乳液稳定性的大小。将不同比例黏结材料静置，每隔一定时间，观察并记录乳液变化情况。

如图一二九所示，当水与乙醇比例为1∶9和2∶8时，乳液在密封静置一天后有淡黄色沉淀生成。沉淀量随着水性氟浓度的增大而增加，随着乙醇比例的增大而增加。水与乙醇比例为3∶7时，密封静置两个

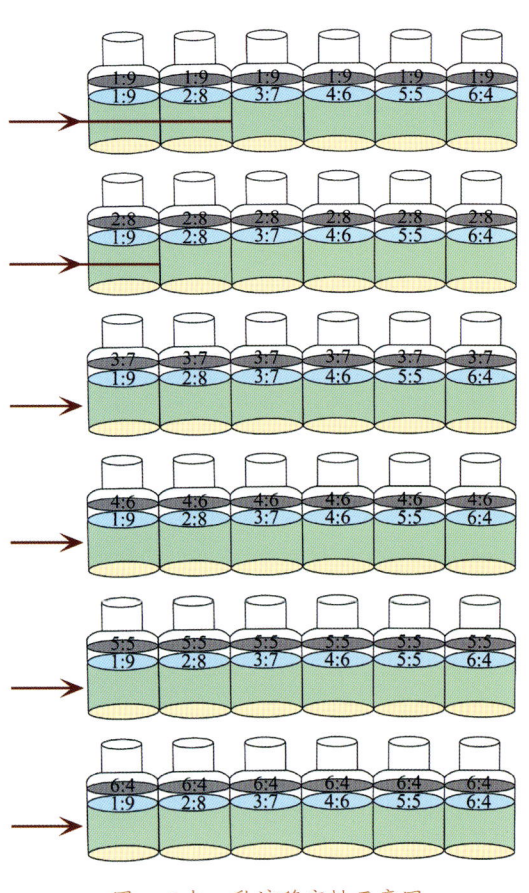

图一二九　乳液稳定性示意图

月后有沉淀生成。当水与乙醇比例大于等于4∶6时，不会有沉淀生成。但当水比例增加时，滴渗土样会使土样表面和泥。同时，乙醇含量增加会缩短乳液固化时间，提高回位修复效率。如图一二九，当水与乙醇比例为1∶9和2∶8组分静置至产生沉淀时，低水性氟含量组分会发生丁达尔效应，说明该组分已成为胶体，稳定性大于后面的乳液，因此可以推断，水性氟含量越低，乳液越接近胶体，稳定性越好。通过以上试验，筛选出溶剂水和乙醇的比例为2∶3。

5. 滴渗土样色差测试

固定水与乙醇质量比2∶3作为溶剂，用制备的黏结材料滴渗土样，固化后测试其色差并观察土样形貌变化。黏结剂用量为1mL，滴渗面积为1.5cm^2（表一〇）。

表一〇　土样渗透情况

Ms/Md	1∶1	1∶2	1∶3	1∶5	1∶7
渗透性	差	好	好	好	好
表面现象	结膜	结膜	无	无	无
ΔE*	2.07	1.67	1.29	0.98	0.75

黏结材料的渗透性好坏直接决定了文物的回位修复效果，如果渗透太浅，则会在黏结处存在明显的界面，材料与文物之间的过渡梯度也较为明显，容易导致文物在黏结处附近产生新的断裂病害。从上表可以看到，当水性氟浓度较大时，材料在土样上渗透性较差，同时，滴渗土样后对土样表面形貌及色差改变较大。而当水性氟浓度较小时，其渗透性较好。

综合以上实验测试结果，当水性氟浓度较小时其力学性能较差，当水性氟浓度较大时色差较大，对土样外观改变大，因此通过试验我们筛选出水性氟与溶剂的最佳配比浓度为1∶3。

通过以上对回位修复材料配比的优化试验，筛选出溶剂水与乙醇的比例为2∶3，水性氟与溶剂的比例为1∶3。

第四节　回位修复材料的系统评价

1. 老化试验

制备空白试板：熬制质量浓度为5%的骨胶水溶液30g，与30g的朱砂混合均匀涂刷在标准试板上，自然干燥，制成空白试板。石绿、雌黄颜料的空白试板制备方法与朱砂颜料的空白试板制备方法相同。

制备水性氟试板：熬制质量浓度为5%的骨胶水溶液30g，与30g的朱砂混合均匀，加入15g的质量浓度为5%的ZB-F600水性氟水溶液，混合均匀，涂刷在标准试板上，自然干燥，制成水性氟试板。石绿、雌黄颜料的水性氟试板制备方法与朱砂颜料的水性氟试板制备方法相同。

制备样品试板：熬制质量浓度为5%的骨胶水溶液30g，与30g的朱砂混合均匀，加入15g的5% ZB-F600和水溶性环氧树脂B-63，混合均匀，涂刷在标准试板上，自然干燥，制成样品试板。石绿、雌黄颜料的样品试板制备方法同朱砂颜料的样品试板制备方法。

将所制备的空白试板和样品试板分成三组，第一组置于功率为25W、高度为20cm的紫外灯下进行老化试验；第二组置于温度为50℃、相对湿度为90%的湿热老化箱进行老化试验；第三组置于臭氧浓度为800ppm、温度为25℃的臭氧老化箱进行老化试验，每组老化试验30天。采用数显涂层杯突试验仪测试各样品老化前后的柔韧性，采用漆膜电动附着力试验仪测试各样品老化前后的附着力，采用色差计测试老化前后色差。

紫外老化结果：

表一　样品紫外老化前后性能测试结果

		朱砂			石绿			雌黄		
		空白试板	水性氟试板	样品试板	空白试板	水性氟试板	样品试板	空白试板	水性氟试板	样品试板
柔韧性（N）	老化前	349	629	887	207	624	823	458	477	782
	老化后	285	611	859	195	502	753	276	465	641
附着力	老化前	7级	1级	1级	7级	2级	1级	7级	1级	1级
	老化后	7级	2级	1级	7级	3级	1级	7级	2级	1级
色差		—	3.28	1.26	—	4.38	0.64	—	3.35	1.38

从表一一测试结果可见，朱砂、石绿、雌黄三种颜料的样品试板的柔韧性、附着力均比水性氟试板及空白试板的要好，经过紫外老化后其柔韧性、附着力降低较小，表明水性氟与水溶性环氧能显著提高文物彩绘的柔韧性、附着力，并能耐紫外老化。

臭氧老化结果：

表一二　样品臭氧老化前后性能测试结果

		朱砂			石绿			雌黄		
		空白试板	水性氟试板	样品试板	空白试板	水性氟试板	样品试板	空白试板	水性氟试板	样品试板
柔韧性（N）	老化前	349	629	887	207	624	823	458	477	782
	老化后	314	486	722	198	612	801	359	359	654
附着力	老化前	7级	1级	1级	7级	2级	1级	7级	1级	1级
	老化后	7级	1级	1级	7级	3级	1级	7级	1级	1级
色差		—	3.02	1.19	—	5.58	0.62	—	3.48	1.20

从表一二测试结果可见，朱砂、石绿、雌黄三种颜料样品试板的柔韧性、附着力均比水性氟试板及空白试板的要好，经过臭氧老化后其柔韧性、附着力降低较小，表明水性氟与水溶性环氧能显著提高文物彩绘的柔韧性、附着力，并能耐臭氧老化。

湿热老化结果：

表一三　样品湿热老化前后性能测试结果

		朱砂			石绿			雌黄		
		空白试板	水性氟试板	样品试板	空白试板	水性氟试板	样品试板	空白试板	水性氟试板	样品试板
柔韧性（N）	老化前	349	629	887	207	624	823	458	477	782
	老化后	296	605	871	189	512	785	309	452	659
附着力	老化前	7级	1级	1级	7级	2级	1级	7级	1级	1级
	老化后	7级	2级	1级	7级	4级	1级	7级	2级	1级
色差		—	2.95	1.41	—	3.12	1.05	—	3.26	0.25

从表一三测试结果可见，朱砂、石绿、雌黄三种颜料的样品试板的柔韧性、附着力均比水性氟试板及空白试板的要好，经过湿热老化后其柔韧性、附着力降低较少，表明水性氟与水溶性环氧能显著提高文物彩绘的柔韧性、附着力，并能耐高温高湿老化。

2. 机械强度测试

将不同比例黏结材料于25mm×75mm的载玻片上点滴，用量为4mL/载玻片。待其固化后，分别在不同环境条件下测试其力学性能。

（1）力学性能随时间变化

将固化后的回位修复材料密封于干燥器中，每隔一定时间后，在室温（25℃）下用万能材料试验机测试其力学性能。

测试结果：

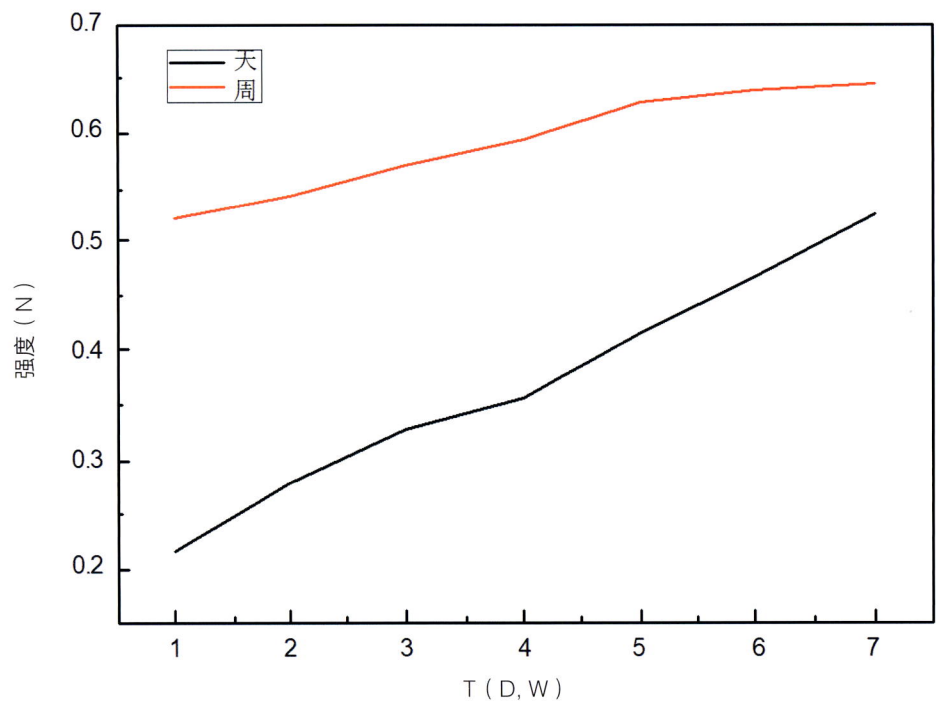

图一三〇　强度随曲线图

从图一三〇可以看出，随着时间的变化，固化后的材料力学强度逐渐增加，第一周内材料的强度增大较快，这主要是由于刚固化后的材料内部还残留有少量水分，置于干燥器中随着时间的延长，材料内部的水分慢慢流失，材料固化更加完全，故强度越来越大。而一周以后，可以看到，在五周内材料的强度均在不断增加，只是增加速率远远小于第一周，第六周开始强度趋于稳定。相比刚刚固化后，最终材料的强度增加了3倍左右。

（2）力学性能随温度变化

将固化后材料在不同温度下，保持相同时间（2h）后，待恢复到室温（25℃）时，测试力学性能。

将固化后材料在相同温度下（50℃，100℃），保持不同时间后，待恢复到室温（25℃）时，测试其力学性能。

测试结果：

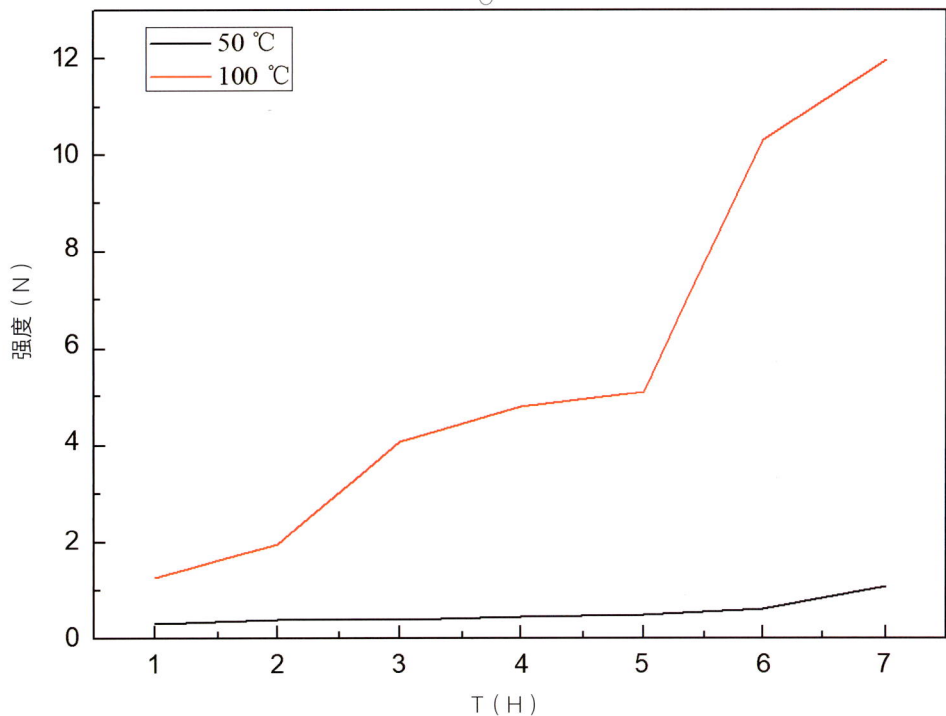

图一三一　温度和时间对材料强度影响曲线图

表一四　强度测试结果

温度（℃）	0	20	40	60	80	100
强度（N）	0.2842	0.2928	0.3395	0.3609	0.7061	1.4483

从表一四可以明显看出，当温度较低时，材料的强度随时间变化较小，而当温度较高时，材料的强度会随着时间迅速增大。从图一三一可以看出，材料的强度对温度较为敏感。同样，在相同的时间下，材料处于不同的温度环境中，也表现出一样的规律。

（3）耐冷冻性能

将固化后的材料分别于﹣40、﹣40～40℃为一个周期（24h）不断循环条件下，待材料恢复到室温（25℃）后，测试其机械强度。

测试结果：

表一五　耐冷冻测试结果

时间（天）	1	2	3	4	5	6	7
﹣40℃	0.2270	0.3064	0.3364	0.2984	0.3366	0.2877	0.3023
﹣40～40℃	0.2482	0.3603	0.3925	0.4612	0.5249	0.5336	0.7072

从表一五数据可以看出，当材料处于持续低温状态时，材料的机械强度保持恒定，而当温度在-40～40℃循环状态下，其强度表现出一定的增加。这是由于-40℃低温条件使得材料处于冷冻状态，其中含有的微量水分结冰，导致材料强度不发生变化。这种现象较类似于冻土的状态。而当温度在-40～40℃循环时，材料解除这种状态，恢复较高的强度。说明材料有很好的耐低温性能。

（4）耐水性能

将固化后的材料浸泡于水中不同时间，然后取出，待干燥后于室温（25℃）下测试其的力学性能。

测试结果：

表一六　耐水性测试结果

时间（周）	1	2	3	4	5	6	7
强度（N）	0.3779	0.7831	0.8274	0.8887	1.1674	1.8720	1.8745

如表一六所示，材料在浸泡于水中长时间后，仍然表现出较好的力学性能，并且其强度变化规律未受到影响。这里需要说明的是，一般情况下土的耐水性能较差，浸泡于水中很快就会坍塌，而该材料较好的耐水性可以大大弥补土在该方面的不足。

3. 材料耐酸碱性能测试

酸碱对材料有一定的腐蚀性，并且一般随着酸碱浓度的增加腐蚀性增大。当然，多数材料也具有一定的抗酸碱腐蚀能力。一般情况下，材料的抗酸碱腐蚀性能越强，表明材料性能越优异。本实验旨在通过对制备的回位修复材料进行耐酸碱试验，以评价材料的耐酸碱性强弱。具体试验条件如下：

将固化后的材料分别在摩尔浓度为1mol/L NaOH、1mol/L HCl、1mol/L HNO_3 的溶液中浸泡，通过测定浸泡不同时间后材料的质量损失以及力学强度的变化来表征材料抗酸碱腐蚀能力的大小。

表一七　失重测试结果

溶液 \ 时间（天）	1	2	3	4	5	6	7
NaOH	0.005	0.006	0.007	0.007	0.008	0.010	0.011
HCl	0.002	0.003	0.003	0.004	0.005	0.006	0.007
HNO_3	0.003	0.004	0.005	0.006	0.007	0.009	0.009

从表一七数据可以看到，将材料浸泡在不同的酸碱溶液中，其失重量不同。材料在碱液中的失重量大于在酸液中，说明材料的耐碱性能比耐酸性能差。其次，对于相

同浓度的盐酸和硝酸，失重量在硝酸中大于在盐酸中，由于硝酸是一种强氧化性酸，说明硝酸的强氧化性对材料也有一定的腐蚀性。

表一八　强度测试结果

强度（N）	1	2	3	4	5	6	7
NaOH	0.2385	0.2384	0.2460	0.2491	0.2515	0.2626	0.2787
HCl	0.2900	0.3076	0.3205	0.3328	0.3459	0.3475	0.4414
HNO_3	0.3060	0.3266	0.3327	0.3508	0.3626	0.3695	0.3698

从表一八数据可以看到，固化后的回位修复材料在酸碱溶液中浸泡后，其力学强度均没有出现下降，而是同在自然状态下一样，均表现出增加的趋势，说明酸碱腐蚀对材料力学性能的影响不大。同时，从力学数据也可以看出，材料的耐碱腐蚀比耐酸腐蚀弱。

4. 热稳定性测试

将回位修复剂制成2.5mg膜放入热分析系统测试仪中，进行分解温度的测量。

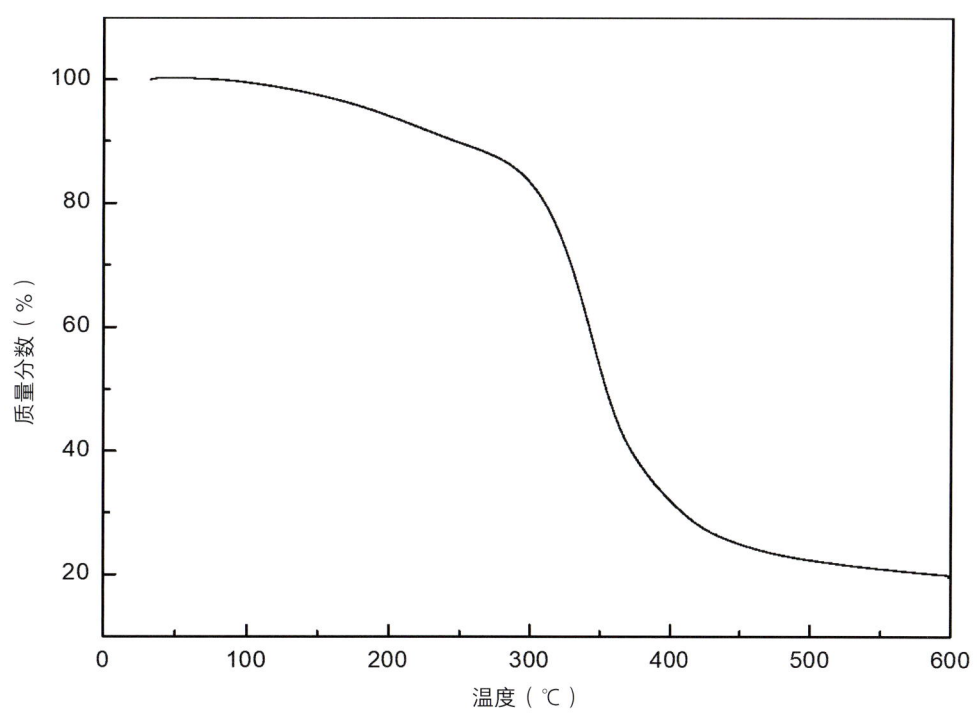

图一三二　热分析曲线

从图一三二水性氟的热失重（TG）曲线可以看出，首先随着温度的升高（在小于125℃范围之内），水性氟膜的热失重曲线变化较平稳，其次在125～200℃之间曲线缓慢下降，这是由于水性氟中含有水分，加热使得水分挥发，造成水性氟膜的失重；而当温度在200～450℃之间逐渐升高，到一定温度时，膜的热失重明显增加，这时水性氟的交联网状结构被破坏，基体开始失重。之后在450～600℃膜的热失重曲线平稳。在其失重曲线上，膜的热分解温度为TG曲线基线的延长线和最大斜率点切线的交点的温度，热分解温度均为300℃，表明水性氟热稳定性较好。

5．红外分析

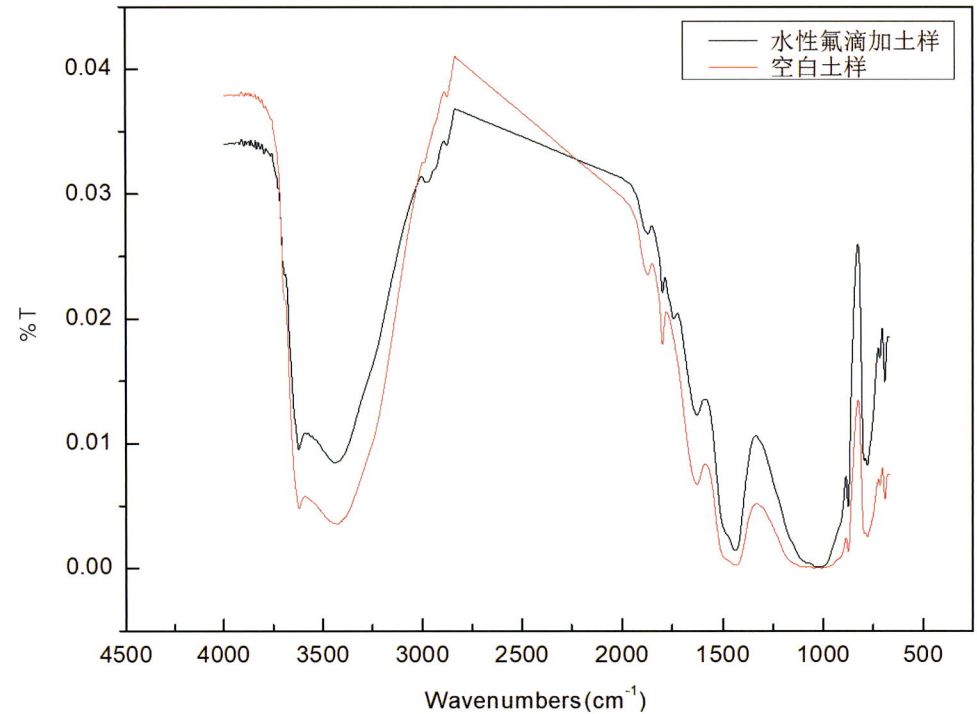

图一三三　空白和水性氟土样的红外光谱图

从图一三三可知，通过对比空白土样和滴加水性氟的土样红外光谱图，空白土样主要成分是硅酸盐，在波数798.69cm^{-1}处有Si-O键的吸收峰，是二氧化硅的特征峰，另外在波数1000～1450cm^{-1}处有一吸收峰为O-Si-O的吸收峰；滴加水性氟的土样波数在798.69cm^{-1}处的吸收峰加强，在波数1000～1450cm^{-1}处的吸收峰加强。由于氟的吸收峰在波数1200～1000cm^{-1}处，可知O-Si-O和氟的吸收峰叠加因此增强，也可知Si-O键增多强化，进而使土壤黏性增强。

通过上述实验，我们筛选出ZB-F600水性氟和水溶性环氧树脂B-63的混合溶液作为回位修复剂，其耐老化性能良好。

第五节　回位修复工艺

采用注射回位加固剂的办法，增加颜料层和地仗层的黏结力。具体回位加固修复工艺如下：

（1）用软毛刷或洗耳球轻轻地将起甲壁画背部及表面的尘土清除干净。

（2）根据起甲情况，对起甲片较大、颜料层较厚的，先用丙酮滴渗软化，再用注射器将配制好的ZB-F600水性氟和水溶性环氧树脂B-63混合乳液沿起甲部位的裂口注射到内檐壁画的背部和地仗间，使之完全渗透。每个部位视病害的程度注射2~3遍，对颜料层较厚或坚硬的部位视具体情况可多次注射渗透。同时对起甲较小、画面薄的地方，直接注射1.5%~3%的水性氟乳液进行回位加固。

（3）待水分被地仗吸收或挥发后，表面采用镜头纸防护，用竹签将起甲部位轻轻回压至地仗，用脱脂棉球从壁画未开裂处向裂口处轻轻滚压，排出起甲壁画内部的空气，也不会造成壁画出现褶皱，而使起甲部分回位到地仗层。待稍干后用自制竹签修复刀压平边沿及缝隙。

（4）用1%的水性氟乳液，均匀地在起甲壁画表面喷涂一遍，用脱脂棉球拍压，增加壁画表面的强度。

（5）采用针管滴渗与喷洒相结合的工艺对酥粉壁画进行加固，均匀地把要处理的区域用加固剂溶液浸透，每隔3天处理一次，渗透加固1次后可渗透1.5cm，计划处理3遍。渗透加固后，彩画表面颜色不变，酥粉地仗变得坚固。

（6）待整个壁画注射加固完成后，还需要认真细致的检查，对遗漏、回位加固不到位的壁画进行补修和再次修复，以确保修复质量。

第六节
回位修复与填充加固效果

以下就处理效果举例说明（图一三四~图一三八）：

图一三四　星子墓壁画回位修复与填充加固效果

1. 修复前　2. 修复中　3. 修复后

第五章 开裂、破碎、离位壁画地仗层回位修复与填充加固　109

图一三五　星子墓壁画回位修复与填充加固效果
1. 修复前　2. 修复后

图一三六　星子墓壁画回位修复与填充加固效果

1. 修复前　2. 修复后

图一三七 星子墓壁画回位修复与填充加固效果
1.修复前 2.修复后

图一三八　星子墓壁画回位修复与填充加固效果

1. 修复前　2. 修复后

第六章

地仗层与风化砂石层注射黏结与渗透加固

墓室壁画地仗层其下的砂石多数出现酥解状况，导致地仗层与其附着力减弱或出现空臌。对此本项目研究设计了渗透加固与黏结修复两项技术措施，进行保护修复，即注射水性氟回位修复剂，促使其黏附于砂石之上，之后通过覆膜渗透的工艺向石灰与砂石之中渗透加固石灰、土、砂石的CB材料，整体增强其强度。

本项目方案采用微量沉淀与吸附双重加固，即CB材料加固工艺对该地仗层进行加固。参考《土壤化学》中土壤胶体对部分阴离子吸附强度的顺序（土壤对草酸根$C_2O_4^{2-}$、柠檬酸根$C_6H_5O_7^{3-}$、$H_2PO_4^-$、HCO_3^-、$H_2BO_3^-$、CH_3COO^-、SCN^-、SO_4^{2-}、Cl^-、NO_3^-等微量阴离子的吸附能力逐渐减弱的顺序），筛选出以草酸或柠檬酸的乙醇混合溶液（以下简称CB-1）和以$Ba(OH)_2$的甲醇溶液（以下简称CB-2）作为加固材料。能在半湿润区的干燥、半干燥和潮湿三种环境形成聚集态BaC_2O_4、$BaCO_3$沉淀，对遗址起到抗风化作用。在室内用最优化的加固材料及加固工艺对土样进行加固后进行了性能检验，现场试验表明，渗透深度达25～30cm，透气性相当于加固前的1.7倍，不改变遗址表面色泽，保持原貌，加固材料为遗址土壤重量的3%以内，加固前后遗址土壤团粒结构、孔隙保持不变。

第一节
CB材料加固前后性能比较

一、土的强度

1. 抗压强度——无侧限抗压强度

测试方法：按照T0148-93测试步骤进行。

测试结果：

表一九　无侧限抗压强度和最大变形量

试样	无侧限抗压强度 / KPa	最大变形量 / mm
未加固	285.1	5.0
CB加固	410.5	5.5
Remmers加固	超出最大测量范围500	未变形
自制高模数硅酸钾加固	364.5	4.6

从表一九无侧线抗压强度可见，各种加固材料都有明显提高土柱抗压强度的能力。其中CB加固材料无侧限抗压强度为未加固土样的1.5倍，加固强度适中，土的最大变形量比未加固土样有所提高；Remmers300加固材料无侧限抗压强度超过了500KPa，加固后的土样像石头一样坚硬，这对土遗址来说强度过强，大多数文物专家认为：土质强度较小，加固剂处理后的强度也不宜过大，这是因为对土遗址风化层的加固强度太高，易造成加固层和原土层强度差别大，会引起加固层剥离；若加固强度太低，又起不到防雨水冲刷、耐风蚀及抗风化的作用。因而这是不符合实际的，不符合文物保护的要求；自制高模数硅酸钾加固土样后的无侧限抗压强度为未加固土样无侧限抗压强度的1.3倍，强度也比较适中，但是加固后的最大变形量比未加固土样的最大变形量有所降低，即加固后的土样脆性较没有加固的土样变大。

2. 原位表面抗压强度——弹性回弹仪法

测试仪器：HT20型砂浆回弹仪（上海路荣试验仪器有限公司）。

测试方法：对生土和保护处理的生土进行了测试，按照中华人民共和国制定的行业标准《JGJ/T23-2001回弹法检测砼抗压强度技术规程》测试方法进行测试，结果见表二〇。由于生土的强度太小，低于HT20型回弹仪的最小回弹所要求的强度，因而，我们以测量的弹击深度作为参考依据。

（1）实验室土块测试

结果与讨论：

表二〇　弹性回弹法测定的生土和处理样品的数据

样品 \ 测试点	1	2	3	4	5	平均
Shengtu（生土）D*	0.23	0.20	0.21	0.23	0.24	0.222
No.1（处理3个月后）D*	0.05	0.04	0.04	0.03	0.03	0.038
No.2（处理1年半后）D*	0.03	0.04	0.02	0.03	0.03	0.03

*：D为同一测试点三次撞击后的深度，单位为cm。

表二〇数据表明经过处理后的土的硬度提高幅度很大，回弹值显示为13左右，而生土没有显示数值。如果抗压强度与撞击深度成正比，这样可以看出处理过的样品强度提高了4~5倍。

同时，还可以看出CB保护材料具有时间硬化效应，处理一年半的样品比处理3个月的样品的强度还有很大程度提高。

（2）土遗址模拟坑实地测试

为了解保护材料对土遗址的加固保护作用，陕西历史文化遗产科学保护中心于2008年建立了两个土遗址模拟坑，一个是模拟墓葬和室内保存环境下的土遗址坑，另一个是模拟室外露天环境下的土遗址坑。测试点的选择采用蛇形取样法，尽量使测试的点具有代表性，尽可能减少不同地点因土质的不同而造成的误差，并进行多次测量，然后取平均值。

表二一　弹性回弹法测定实地室内模拟坑测试数据

测试位置 \ 测试点深度(cm)	1	2	3	平均
1号处理位置	0.20	0.25	0.20	0.22
1号处理位置周围	0.35	0.70	0.40	0.48
2号处理位置	0.15	0.20	0.22	0.18
2号处理位置周围	0.50	0.50	0.40	0.47

表二一的数据来自模拟墓葬的室内模拟坑，处理位置是指采用CB-1和CB-2处理过的墙体，处理位置周围是指与处理位置平行的未处理位置。1号保护处理位置位于模拟坑第三层台阶的西面墙上。2号保护处理位置是模拟坑的最下端西南部夯土柱的东面。3号保护处理位置位于模拟坑第二层台阶的北面墙上。所有测试点的撞击深度平均值比未撞击平均值高出50%，这充分说明处理过后的土壤强度有了很大的提高。

表二二　弹性回弹法测定室外土遗址模拟坑测试数据

测试位置	测试点深度 (cm) 1	2	3	平均
1号处理位置	0.05	0.05	0.05	0.05
1号处理位置周围	0.25	0.18	0.12	0.18
2号处理位置	0.15	0.10	0.05	0.10
2号处理位置周围	0.40	0.20	0.40	0.33
3号处理位置	0.05	0.10	0.10	0.08
3号处理位置周围	0.15	0.20	0.15	0.16

表二二的数据来自室外土遗址模拟坑，处理位置是指采用CB-1和CB-2处理过的墙体，处理位置周围是指与处理位置平行的未处理位置。1号保护处理位置位于模拟坑中夯土柱东侧。2号保护处理位置位于模拟坑中夯土墙南面墙上。3号保护处理位置位于模拟坑中夯土墙北面墙上。处理后的夯土墙的撞击平均深度只有未处理的1/3，反映出保护材料提高了墙体土质的强度。

3．抗剪强度测试

土壤学家、土力学家认为，一般情况下，土的破坏是剪切破坏，这也被一些工程实践以及室内实验研究所证实，故对加固前后抗剪强度参数的测试也是很重要的，而且抗剪强度也是衡量土遗址防风化加固材料性能的又一重要指标。

测试原理：

土体发生剪切破坏时，将沿着其内部某一曲面（滑动面）产生相对滑动，而该滑动面上的剪应力就等于土的抗剪强度。1773年，法国学者库仑（C. A. Coulomb）根据砂土的试验结果，将土的抗剪强度表达为滑动面上法向应力的函数，即

$$\tau = \sigma \tan\varphi \qquad \text{公式（1）}$$

以后库仑又根据黏土的试验结果，提出更为普遍的抗剪强度表达形式：

$$\tau = c + \sigma \tan\varphi \qquad \text{公式（2）}$$

式中：τ为土的抗剪强度（KPa）；σ为剪切滑动面上的法向应力（KPa）；c为土的黏聚力（KPa）；φ为土的内摩擦角（°）。

公式（1）和公式（2）就是土的强度规律的数学表达式，它是库仑在十八世纪七十年代提出的，所以也称为库仑定律，其中c、φ称为土的抗剪强度指标。从库仑定律可知：（a）土的抗剪强度τ不是常数，而与法向应力成正比；（b）土的抗剪强度分为两部分：内摩擦力$\sigma\tan\varphi$和黏聚力c；（c）土的抗剪强度与金属、混凝土等材料的抗剪强度不同，它随剪切面上法向应力大小而变化，在一定条件下它是定值；（d）砂土的抗剪强度仅由内摩擦力组成，而黏性土的抗剪强度由内摩擦力和黏聚力两个部分

组成。

  黏聚力和内摩擦角是抗剪强度的两个重要参数，也是研究土体稳定问题的基础，内摩擦力来源于剪切面上土粒之间的滑动摩擦阻力和凹凸面间的镶嵌作用所产生的摩擦阻力；而黏聚力是由土粒间的胶结作用、结合水膜以及分子引力作用等形成的。

  直接剪切试验的结果用总应力法按库仑公式 $\tau = c + \sigma\tan\varphi$ 计算抗剪强度指标。

  测试方法：按照关于抗剪强度的理论以及测试方法（SL237-021-1999），选用直接剪切中的快剪来测试。

  测试结果：

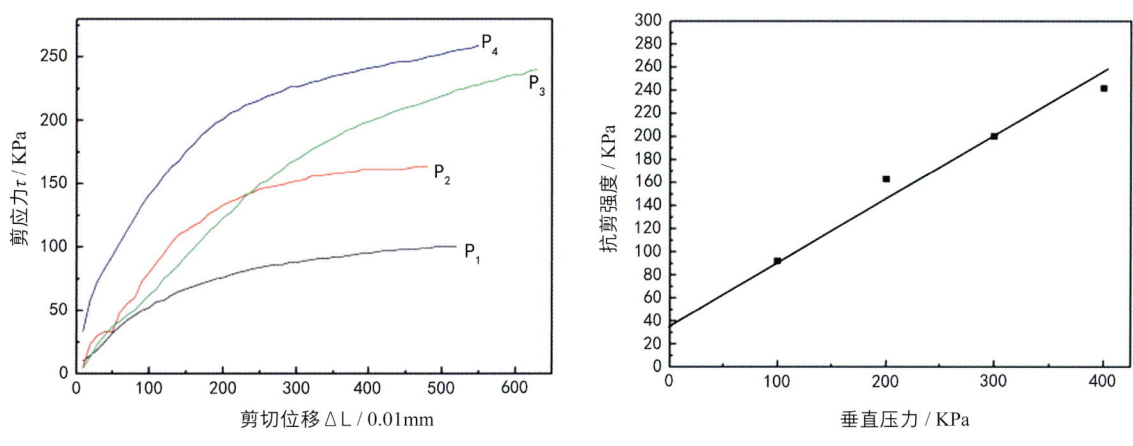

图一三九　未加固土样

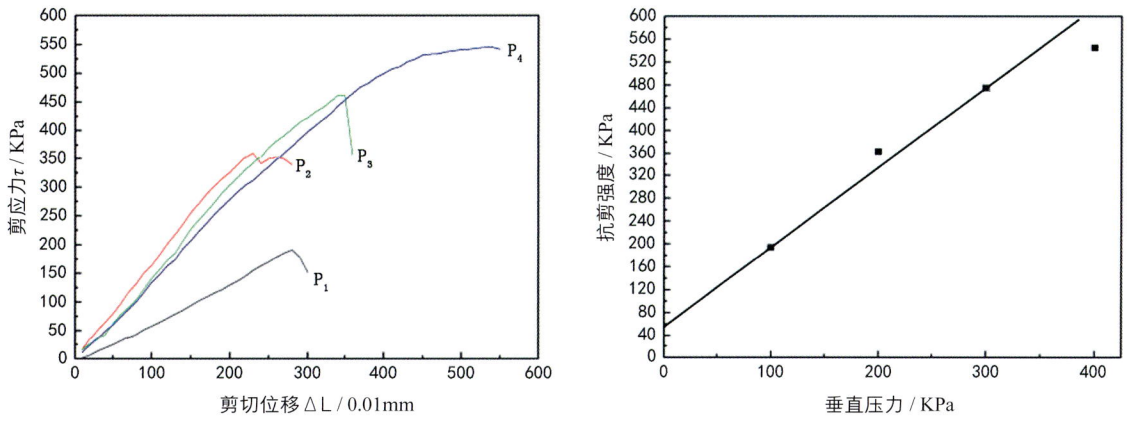

图一四〇　Remmers 300加固土样

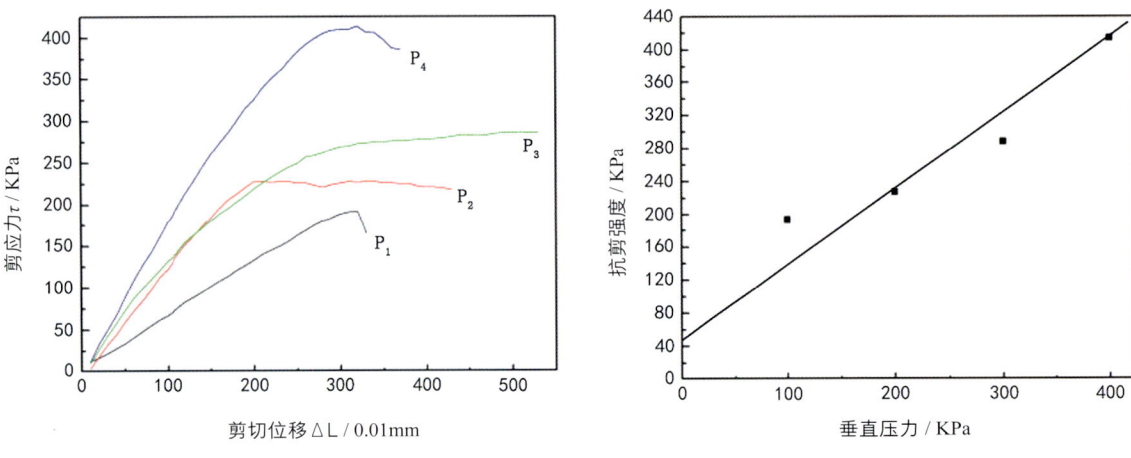

图一四一　自制硅酸钾加固土样

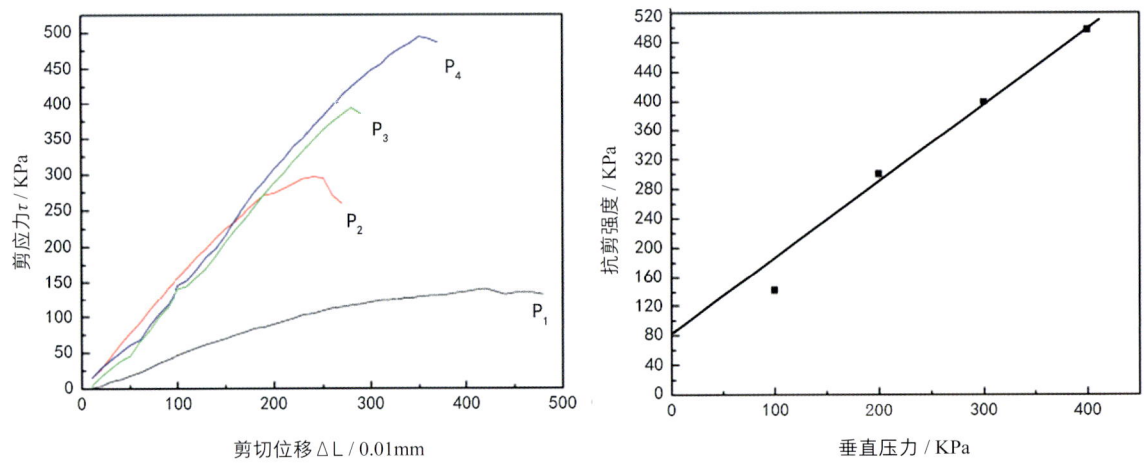

图一四二　CB加固土样

由图一三九~图一四二可知未加固土样的黏聚力是35KPa，内摩擦角约为29°；Remmers300加固土样的黏聚力是60KPa，内摩擦角约为54°；自制高模数硅酸钾加固土样的黏聚力是49KPa，内摩擦角约为44°；CB加固土样的黏聚力是85KPa，内摩擦角约为45°。由此可见：上述加固剂加固后的土样其抗剪强度参数黏聚力和内摩擦角均比未加固的土样有所提高，其中CB加固后的土样其黏聚力增加最大；Remmers300加固后的土样其内摩擦角增加最大，其次是CB加固土样。

二、透气性测试

加固材料加固土遗址后的透气性又是土遗址加固领域另一核心问题,加固后土遗址是否透气,直接决定了遗址内部和外界环境之间能否进行物质和能量的交换,进一步决定了加固后遗址是否会引起结甲、龟裂、剥落等后遗症。

测试方法:

(1)杯子内盛放一定量的蒸馏水,用弹性胶(聚四氟乙烯胶带)把用环刀做成的等同厚度的样块(h=20mm,s=30cm^2)密封在杯口处,称量杯子、水、样块的质量m_1(g)。

(2)把上述准备好的样块放在温度、湿度相对恒定的饱和盐溶液环境中,经过一段时间,杯内水蒸气就会通过土样扩散到相对较低的大气中,每经过一段时间t称量一次剩余质量m_2(g)。将累积失水量对时间作图,比较加固与没有加固土样的透气性。

(3)计算失重平均值,即计算透气性系数$K=\frac{m_1-m_2}{t}$。计算平均透气性系数$\overline{K^*} = \sum_{i=1}^{5} K_i^*$,测的数据见表二三。

测试结果:

表二三 透气性测试结果

时间 \ 试样	未保护	CB加固	自制高模数硅酸钾加固	正硅酸乙酯加固
第0 d / g	364.6	370.8	368.2	366.5
第5 d / g	361.2	366.4	364.5	362.1
第10 d / g	353.5	355.7	358.4	355.3
第15 d / g	348.3	345.5	353.7	349.1
第20 d / g	343.2	336.4	348.2	343.8
第25 d / g	337.0	327.6	343.4	337.5
第30 d / g	331.9	316.3	339.6	332.1
透气性系数$\overline{K}$ g/(30cm^2·24 h)	1.10	1.79	0.95	1.15

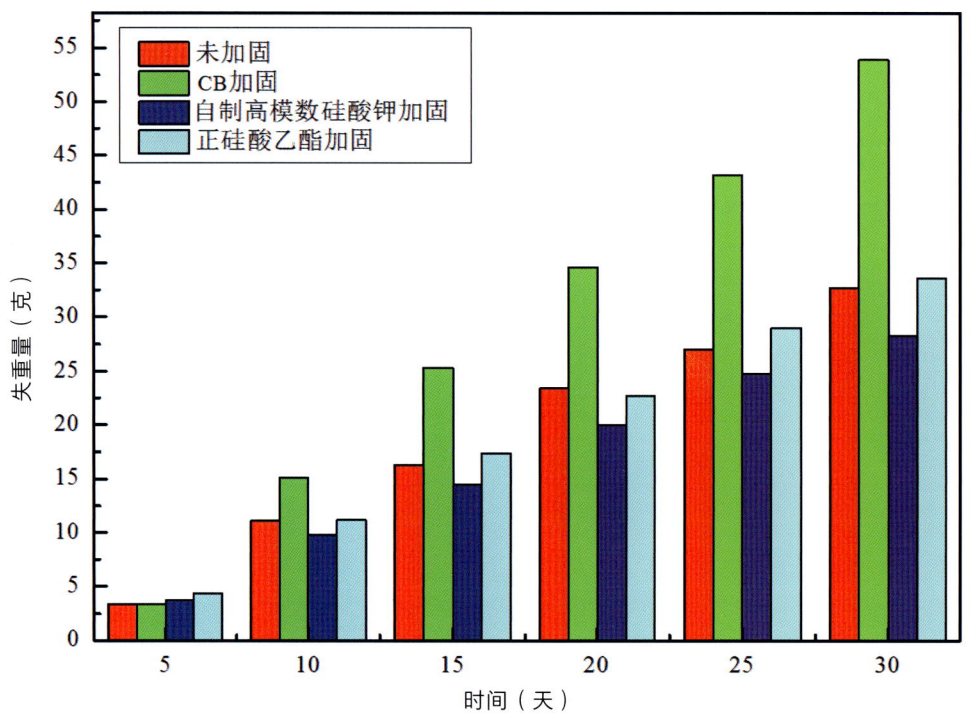

图一四三　几种常见加固材料加固土样透气性坐标图

从图一四三可知，几种常见加固材料加固土样的透气性，用自制高模数硅酸钾或正硅酸乙酯加固后的土样与未加固土样的透气性系数相比较，透气性降低或基本不变，而应用CB加固剂的透气性比未加固土样的透气性提高了1.6倍，这极大改善了土样的透气性，使土遗址文物能与外界环境发生物质和能量的交换，避免了湿气和盐分在遗址内部的聚集。

由图一四三和表二三可更明显地知道，用CB材料加固的土样的透气性比未加固的土样的透气性明显增强，然而应用其他的保护剂加固后的土样都比没有加固的土样的透气性要变差或有所降低。透气性变差说明了加固材料在固化过程中形成的胶化物填充在毛细孔中或封堵了细小孔隙，虽然使土体的强度得到了提高，但使透气性降低。同时，处理后的土壤保持了良好的透气性，外观显示比周围的土壤都要干燥。用水浸湿其表面，未处理土块在渗水时，水迅速在表面扩散，和成稀泥；CB加固处理土块在渗水时，水迅速渗入土块内部，吸水性强，表面强度没有改变，说明CB材料加固后的土样既能渗水（不拒水）又能防水。

三、耐冻融试验

冻融实验的目的是检验所加固处理土样的耐冻融能力。冻融作用是影响土遗址寿命的一个很重要的因素，操作步骤如下：将土样放在盛水（$T=20℃$）的容器中，土样浸入水中4h后取出，擦去多余的水分，将饱水土样置于-25℃的低温冰箱中冷冻4h后取出，此为一个循环。然后再放回20℃的水中4h，再次进行冷冻。多次循环并记录土样的变化。最后比较加固与未加固的土样的耐冻融效果，来衡量加固剂的耐冻融效果。

按照上述方法，将Remmers300、自制高模数硅酸钾、CB材料加固的土样以及未加固的空白土样进行冻融实验，记录每次循环后土样外表变化情况。

测试结果：

表二四　各土样耐冻融性实验情况

循环次数	未加固土样	Remmers300	自制高模数硅酸钾	CB材料
1	遇水就崩解成一堆泥，原貌严重破坏	土样完好无损	浸泡水中后，土样下部坍塌上部完好	土样完好无损
2	—	同上	剩余部分保持完好	同上
3	—	同上	剩余部分保持完好	同上
4	—	土样开裂	剩余部分保持完好	土样开裂
5	—	同上	同上	同上

注：标有"—"指土样见水就崩解了。

由表二四可知：耐冻融性较好的是Remmers300与CB材料所加固的土样，均能够经历4次冻融循环后才出现表面开裂现象；自制高模数硅酸钾土样遇水下部就坍塌，剩余部分耐冻融性很好，说明渗透深度太浅，加固后土样由于憎水性强，故剩余部分在冻融过程中相当于干冻融，因此其剩余部分表现出较好的耐冻融性。

第二节　黏结与渗透加固工艺

将加固剂利用注射器表面滴注自然渗透。对墓室本体分别作六次加固，在每次加固后还要采用塑料保鲜膜覆盖保湿，覆盖保湿时间不低于6h，使加固材料在墓室本体中充分渗透融合（图一四四、图一四五）。

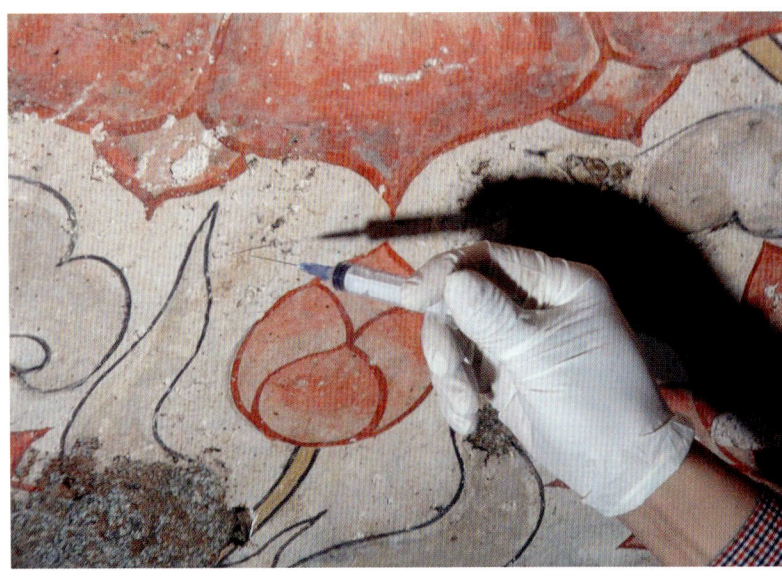

图一四四-1　表面滴渗

图一四四-2　保鲜膜覆盖保湿

图一四四-3　加固效果

第六章　地仗层与风化砂石层注射黏结与渗透加固　123

图一四五-1　保鲜膜覆盖保湿

图一四五-2　加固效果

第七章
墓室循环空气系统及视频观察设备

墓室壁画附着于长方块的砂石之上，且为球形穹顶，揭取或搬迁根本不可能。墓室壁画在地下相对稳定的高湿缺氧环境中历经600余年，整体保存至今，证明已经适应了其所处环境，所以，对壁画进行修复保护后，仍然基本维持高湿环境，可保持其稳定性。

墓室发掘开放之后，霉菌孢子进入墓室，飘落、黏附于壁画之上，在高湿环境中可能会使壁画遗址发霉。对此，我们以"流水不腐，户枢不蠹"这一富有科学内涵的谚语为依据，进行了收藏环境内流动空气对微生物拟制作用的研究，取得了一些进展。斯洛文尼亚文物保护专家也设计过，将出土的彩绘陶器用玻璃封闭并向其中通风的体系，该体系在西安汉阳陵一处墓室中得到应用。

基于上述进展，对星子明代高僧墓壁画保护措施如下：

1. 安装活动封闭玻璃门

（1）墓室口安装玻璃门，使其中的环境处于高湿封闭状态；

（2）门上安装风幕，在需要进入时，可开启风幕机阻隔外界空气；

（3）在不影响墓室整体效果的条件下，安装视频装置以便参观者在墓室外能够看到墓室内情况。

封闭墓室的目的是使墓室保持了600余年的高湿状态基本得到维持，使壁画高湿环境相对延续稳定。

2. 墓室内安装空气循环流动设备

在墓室一端的隐蔽部位安装小型鼓风机，通过在隐蔽部位安装隐蔽管道，通往另一端。开动鼓风机，使墓室空气处于循环流动状态。鼓风机功率很小，节能环保。使墓室空气处于循环流动状态的目的是防止霉菌的滋生。由于壁画发掘出土之后，室外漂浮的霉菌孢子很易黏附、飘落于壁画之上。在高湿条件下很易滋生霉菌，而处于流动状态的空气则在一定程度上能够抑制霉菌的滋生。对此，早在几年之前，陕西师范大学历史文化遗产保护教育部工程研究中心就做过研究，在一相对湿度为95%～100%的箱体内，使空气处于循环流动状态，其内的物品基本未发霉；另一箱体内相对湿度也为95%～100%，处于基本静止状态，其内的物品则完全霉变。

第八章

安全保障措施

针对文物保护实施的特殊性，加强文物现场的安全工作，加强文物保护现场的安全工作，加强文物安全保护监督，加强人员的文物安全保护教育，使每个人都充分认识文物安全的重要性、严肃性。将文物保护的安全意识贯穿到整个文物保护修复的全过程中，采取切实有效的措施，杜绝重大人身伤亡事故发生，杜绝文物损坏事故发生，杜绝火灾及其他事故发生，杜绝设备安全事故发生。为保证文物安全、人身安全，需要建立以下措施：

1. 安全管理措施

现场确定专职安全监督人员，其主要职责是监督和检查文物安全保护、设施安全保护、劳动保护工作，定期检查分析存在问题并及时通报；认真执行国家施工安全检查标准，要根据彩画病害治理项目的特点，制定切实有效的安全施工职责制度和安全检查制度，签订安全合同，制定安全奖罚措施；认真落实上岗安全措施，做好执行记录。

2. 安全技术措施

彩画表面保护处理工作需要十分小心，确保安全十分重要。壁画清洗、修复前后彩画表面的防护，是整个壁画表面处理的至关重要的环节，一定要精心操作，确保文物安全。

3. 用电安全措施

制定施工用电方案和用电管理制度，照明灯具用冷光源。导线要安全可靠。

4. 安全纪律措施

凡进入工作区的人员必须戴安全帽,脚手架必须系安全带,建立安全监督执行制度;脚手架临空部分必须有护栏,安全标志要醒目。

5. 防火安全措施

文物表面处理用的一些材料为易燃品,因此要单独存放,严禁烟火,确保文物及人员的安全。

第九章

结 语

由于该壁画墓的墓室壁画附着于长方块的砂石之上，且为球形穹顶，墓室壁画长时间处于地下相对稳定的高湿缺氧环境中，整体保存至今，为了加强保护修复及其展示利用，采用原地保护的方式，仍然基本维持其出土时环境，保持其稳定性。

根据对该壁画墓病害种类的调研和分析，对于该壁画墓目前存在的病害情况，主要从三个方面进行针对性的保护修复：

第一，黏结钙化土锈与污泥；对钙化结甲的土锈进行保护性去除，并对去除后的保护地仗层与颜料层进行加固，增加附着力。对壁画上黏结的一般土锈，本项目研究了水性环氧的乙醇溶液保护性去除方法。

第二，壁画层开裂、破碎、离位；本方案选择水性氟与水性环氧混合溶液作为起甲、脱落、酥粉壁画的回位加固剂。

第三，地仗层与砂石附着力减弱或空臌；墓室壁画地仗层其下的砂石多数出现酥解状况，导致地仗层与其附着力减弱或出现空臌。对此本项目研究设计了渗透加固与黏结修复两项技术措施，进行保护修复，即注射水性氟回位修复剂，促使其黏附于砂石之上，之后通过覆膜渗透的工艺向石灰与砂石之中渗透加固石灰、土、砂石的CB材料，整体增强其强度。

修复完成后，对壁画的保护工作主要采用安装活动封闭玻璃门和安装空气循环流动设备两种方法，保证墓室的封闭，保持墓室的高湿状态，延续壁画所处的相对稳定高湿环境，使墓室空气处于循环流动状态，防止霉菌的滋生。

针对文物保护实施的特殊性，为保证文物安全、人身安全，同时建立了安全管理、安全技术、用电安全、安全纪律、防火安全等保障措施，切实做好文物的安全保护工作。

附 录

环保低耗历史文化遗产保存环境试验研究

当空气作水平运动时，就形成了风。风是一个表示气流运动的物理量，它和气压、温度、湿度等不同，不仅具有数值的大小（风速），还具有方向（风向），风向常用16方位或用方位度表示，风速单位常用m/s表示。风是由于大气各处温度或密度的不均匀性，由热力学系统的趋于平衡均匀性而形成的，因此它也能间接影响空气温湿度环境；同时，对于石窟寺、古建筑、古遗址等室外历史文化遗产的保护，它是所必须考虑的重要环境因素之一。

由于太阳辐射能量随纬度的差异致使对流层中的空气温度不均匀而出现气压差，高压的空气向低压区流动形成的风，除大气环流的定向风处，风向是可经常改变，并且可由低处向高处运动，其活动范围波及地面和高空风的动能可以从它对障碍的迎风面所受的压力的大小来表示。即

$$P = (1/2)\rho V^2 \qquad 公式（1）$$

式中，P为风力；ρ为空气密度；V为风速。由上式可见，风力与风速的平方成正比，即风速越大，风的动能就越大。

风吹动时，空气运动也呈层流和湍流两种状态。当地表的风速超过1m/s时，空气运动就会出现湍流，所以风沿地面吹动时，可将地面的松散物（沙粒、尘土）吹起进入空气中移动，它对地表的物体可以产生剥蚀、搬运、沉积等地质作用。风是气体介质，其地质作用过程一般不发生化学反应，属于机械作用。

风的搬运能力主要决定于风速，另外还与被搬运物的颗粒大小、比重、形状有关。地面风速很小时，只能吹动微尘；当风速大于4m/s时，可以搬运粒径为0.1～0.25mm的砂粒，这种大于砂粒起动风速而将砂粒吹离地面形成风沙的风称为起沙风。随着风速的加大，搬运砂粒的粒径也随之增大，并且风沙中的含沙量也增大。按被搬运砂粒粒径的大小，可以将风的搬运作用分为悬移、跃迁、推移三种形式。

一、历史文化遗产保存环境的构建

我们试验的目的是考察空气流动对历史文化遗产保存的影响,具体研究以一定速度流动的空气能否作为历史文化遗产保存环境的一个条件。为此我们要构建一个合适的环境。该环境如下图所示,我们采用通风设备,使空气沿箭头方向匀速通过历史文化遗产保存架。在不增加太大投资的情况下,为博物馆历史文化遗产的保存提供一个优良的环境,来增加历史文化遗产的保存寿命(图一)。

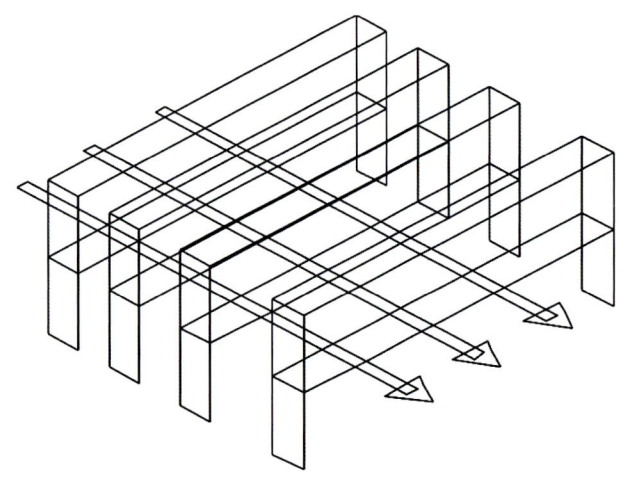

图一　空气流动示意图

根据我们的试验设想,该试验环境的最基本的条件是:①有一定的试验空间可以将试验样品放到试验箱内进行不同条件下的试验;②湿度和风速可以根据实验的需求进行调节;③试验过程中保持温度相同。由于温度不容易控制,我们采用两个相同的试验箱,并放置在同一环境中(此方法可以保证环境温度相同);④试验箱的材质尽量选用易于加工的材料。我们根据以上四点要求制作一个简易的试验箱。试验箱的示意图如图二~图四所示:

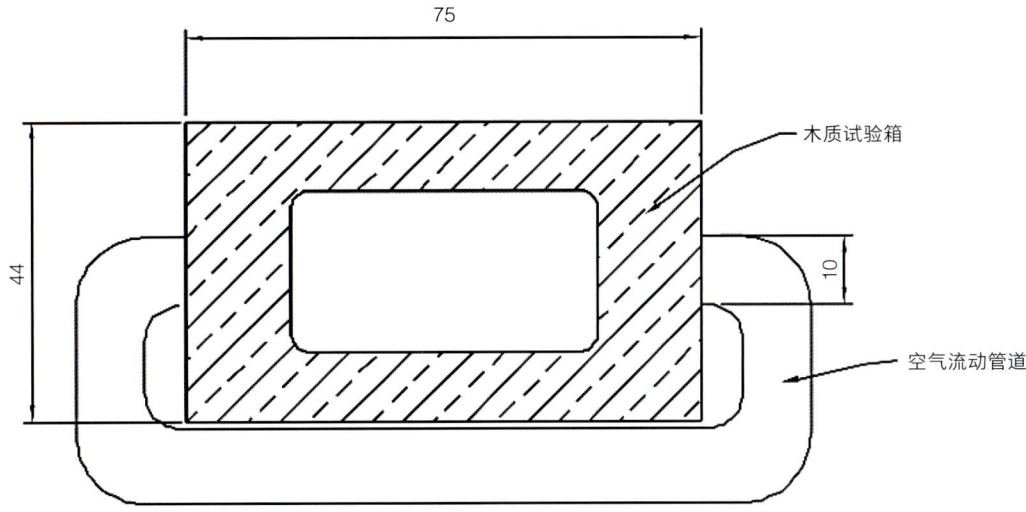

图二　一号环境试验箱设计俯视图

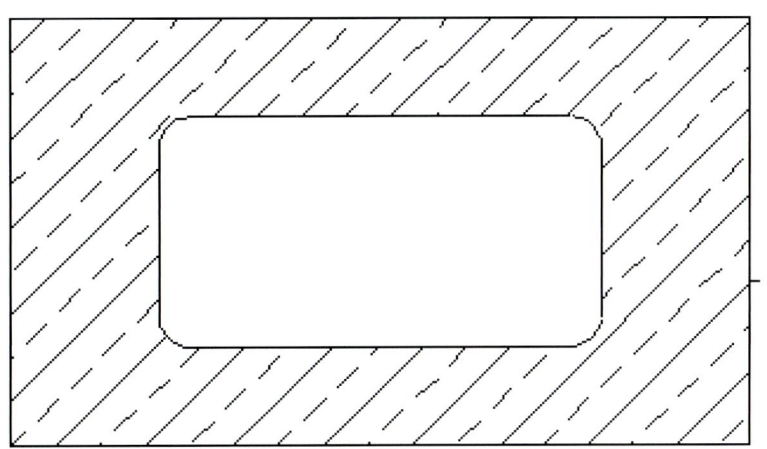

图三　二号环境试验箱设计俯视图

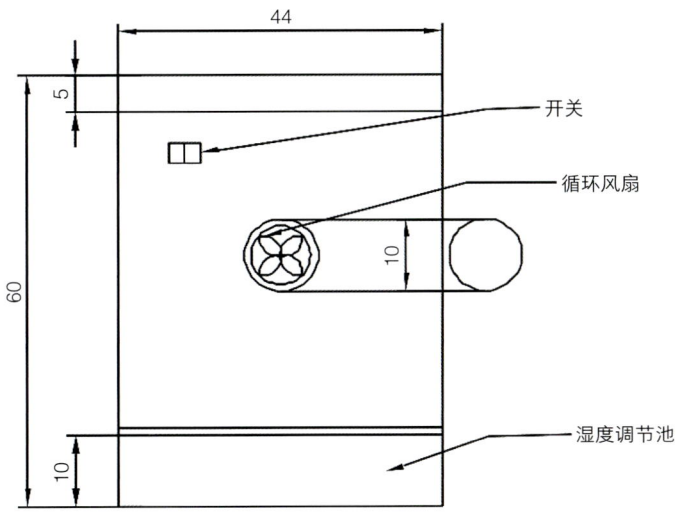

图四　一号环境试验箱设计侧视图

我们采用木质材料作为主要材质，制作了两个大小相同的试验箱。试验箱体的大小为75cm×44cm×60cm。上部为5cm高的盖子，盖子中央有玻璃制作的60cm×30cm大小的观察孔，用来在不打开试验箱的情况下观察内部试验状况。在观察孔的一侧，75cm中部开一个小孔，可以将温湿度探头放入试验箱内，观测试验箱的温湿度变化情况。试验箱下部放置一个10cm高、大小为73cm×43cm的比试验箱箱底略小的马口铁皮槽，用以调节试验箱内的湿度。湿度调节槽上部制作一73cm×43cm的平板，作为试样的放置板。在放置板上均匀地开有30个直径为2cm的小圆孔，以利于试验箱上部与下部空气的交换，形成温湿度均一的实验环境。在试验箱侧面湿度调节池与上盖之间的中部各开有一直径为10cm的圆孔，其中一个圆孔上安有220V、40W换气扇，两孔间用直径为10cm的PVC管道连接，使箱体内部形成可循环的回路。换气扇采用电子双向可控硅调速器调节转速，进而控制试验箱体内部空气流动速度。整个箱体采用密封处理。木质材料都刷有清漆，PVC管道连接处和换气扇连接处都采用有机硅密封胶密封，提高箱体气密性，以防止试验箱体内空气与外界环境进行交换，保证箱体内部环境的稳定性。试验箱的实际图如图五～图七所示。

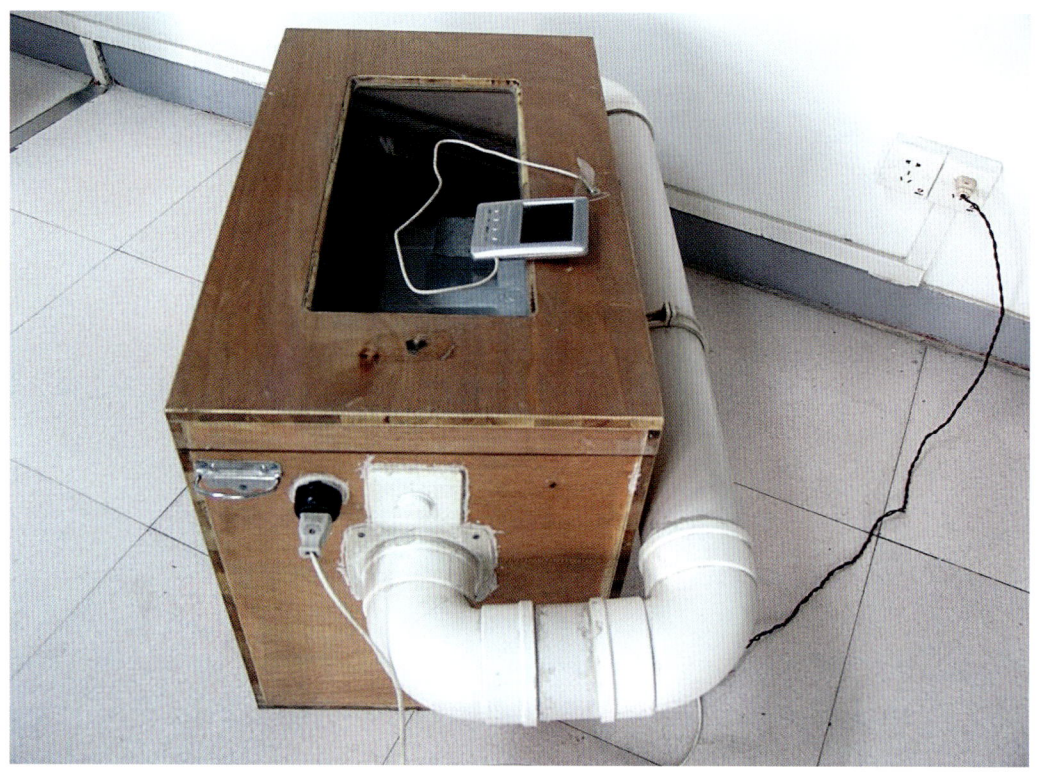

图五　一号环境试验箱实际图

附录　环保低耗历史文化遗产保存环境试验研究　133

图六　二号环境试验箱实际图

图七　环境试验箱内部图

二、甘油-水体系组成的相对湿度曲线的测定

不论是馆藏历史文化遗产还是室外历史文化遗产，由湿度因素引起的历史文化遗产材料的老化和损坏都是经常可以看到的。许多历史文化遗产都是由几种不同材料制成的，由于不同材料对潮气是以不同方式发生反应的，这样，由潮湿所造成的历史文化遗产损坏，诸如断裂、胶粘开裂就会经常发生。即便是同一种材料制成的历史文化遗产，有时由于对潮湿空气反应的各向异性，也往往能够造成历史文化遗产的损坏。例如，木质历史文化遗产吸湿时，其体积的膨胀纵向和横向的膨胀程度不同。并且，高湿度是引起金属材料历史文化遗产产生锈蚀的主要因素之一。同时，高湿度环境也是某些颜料变色的主要原因。此外，在高湿度环境下，有机材料历史文化遗产（或无机材料历史文化遗产中的有机胶黏剂）是霉菌的良好营养源，从而间接导致历史文化遗产的变质损坏。以上种种原因都是由水分造成历史文化遗产材料的老化变质，它是历史文化遗产保存过程中的潜在性灾难，可以说环境相对湿度对历史文化遗产的保存是相当重要的。为了尽量延长历史文化遗产的使用寿命，就必须对它加以控制以利于历史文化遗产的保存。同理，由于我们试验中要经常控制和调节体系的相对湿度，以便为进行相关试验做准备，所以我们设计了甘油-水体系来达到这一目的。

1. 试验仪器、材料与试剂

实验仪器：干燥器（Φ 24cm）、毛发式温湿度计（天津气象仪器厂）、烧杯（250mL）、量筒（500mL）。

试验试剂：丙三醇（A. R. 西安试剂厂）、去离子水（陕西师范大学材料科学与工程学院）。

2. 实验方法

为了搞清楚甘油-水体系组成与相对湿度的关系并绘制出关系曲线，我们进行了如下试验：

① 在干燥器中加入250mL丙三醇；

② 向干燥器中加入50mL去离子水，使$V_{醇}:V_{水}$为5：1，将湿度计放置于干燥器中24 h，待其稳定后记录下相对湿度值；

③ 再向干燥器中加入100mL去离子水，使$V_{醇}:V_{水}$为5：3，再测定体系的相对湿度；

④ 依次加入100mL、250mL、250mL、500mL去离子水，分别测定体系的相对湿度。

3. 实验结果与讨论

通过以上试验方法记录的试验数据，如表一所示，Origin处理以上数据，得到甘

油-水体系的相对湿度曲线（图八）。

表一　甘油-水体系的相度湿度表

$V_{醇}:V_{水}$	5∶1	5∶3	1∶1	1∶2	1∶3	1∶4	1∶5
相对湿度RH（%）	54.0	69.2	78.4	85.9	92.0	94.6	96.8

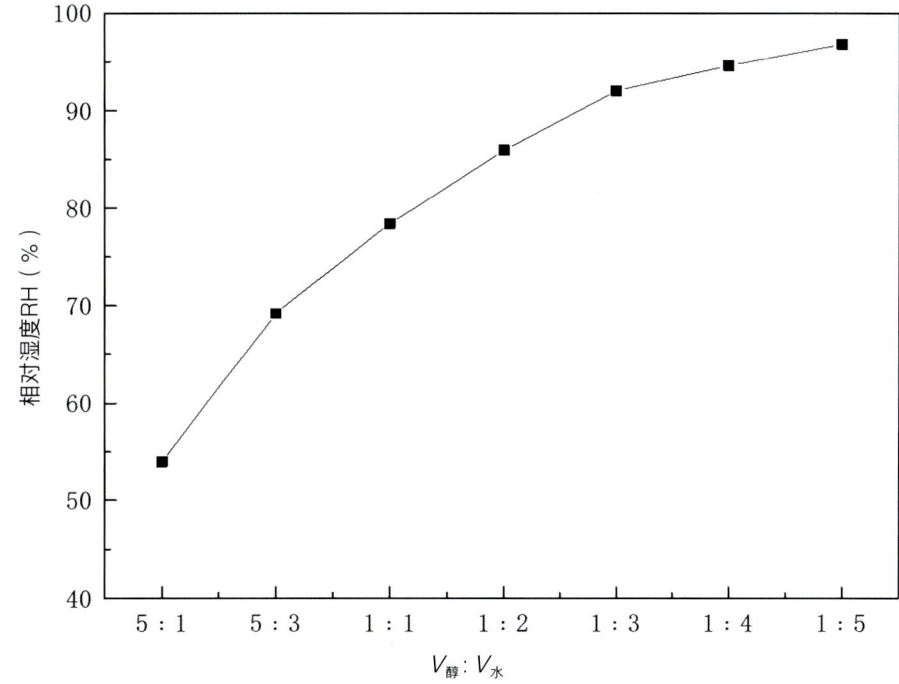

图八　甘油-水体系的相对湿度曲线

从图八我们可以根据试验的湿度条件的不同，方便地查询甘油和去离子水的混合物不同比例，灵活控制实验的湿度条件。我们依据上面的甘油-水体系的相对湿度曲线图得到所需的环境实验湿度。

三、环保低耗历史文化遗产保存环境的实验研究

1. 试验仪器、材料与试剂

实验仪器：环境试验箱（自制）、WSB-2型高精度数显温湿度计（测温范围：-50～70℃，测湿范围：10% RH～99% RH，郑州博洋仪器仪表有限公司）、QDF-2B热球式风速计（测量范围：0.05～5m/s，北京市检察仪器厂）、换气扇（20W，直径10cm）、烧杯（250mL）、量筒（500mL）、胶带（5cm）。

试验试剂：丙三醇（A. R. 西安试剂厂）、去离子水。

试验样品：杨木木板20cm×10cm×1cm。

2. 实验方法

由上面的试验我们制作了两个大小一样的环境试验箱，其中一个安装有管道式换气扇、空气循环管路、电源开关和调速器，另一个没有安装上述附属装置。将两个环境试验箱放置于同一房间的相同位置，避免阳光的直接照射，并且减少室内的空气通风。这样就可使两个环境试验箱尽量放置于同样的环境，从而避免了由于环境试验箱外部环境的不同而影响实验结果。

由于在高湿度条件下，各种历史文化遗产的损坏速度会有一定的加速，尤其是有机质历史文化遗产，因此我们按照上面试验绘制了甘油-水体系的相对湿度曲线图，将一定比例混合的甘油与水的混合物加入环境试验箱的湿度调节槽中，使试验箱中的相对湿度保持在90%左右。开启换气扇使两个环境试验箱达到稳定状态。

将空气循环流动的环境试验箱标记为1号箱，空气静止的环境试验箱标记为2号箱。将试验样品放入两个环境试验箱内，保持两个试验样品放置在试验箱的中间位置。将两个环境试验箱全部用透明胶带密封。

3. 实验结果

放入样品后，通过定期观察样品状况，并记录环境试验箱内的温湿度数据。通过记录的数据，我们发现1号箱温度要比2号箱略高1~2℃。与此同时，我们观察到，在静止时1号试验箱与2号试验箱的相对湿度相同，当开动1号试验箱内的换气扇，待1号箱内相对湿度达到稳定状态后，1号试验箱内的相对湿度有所下降。如图九、图一〇所示：

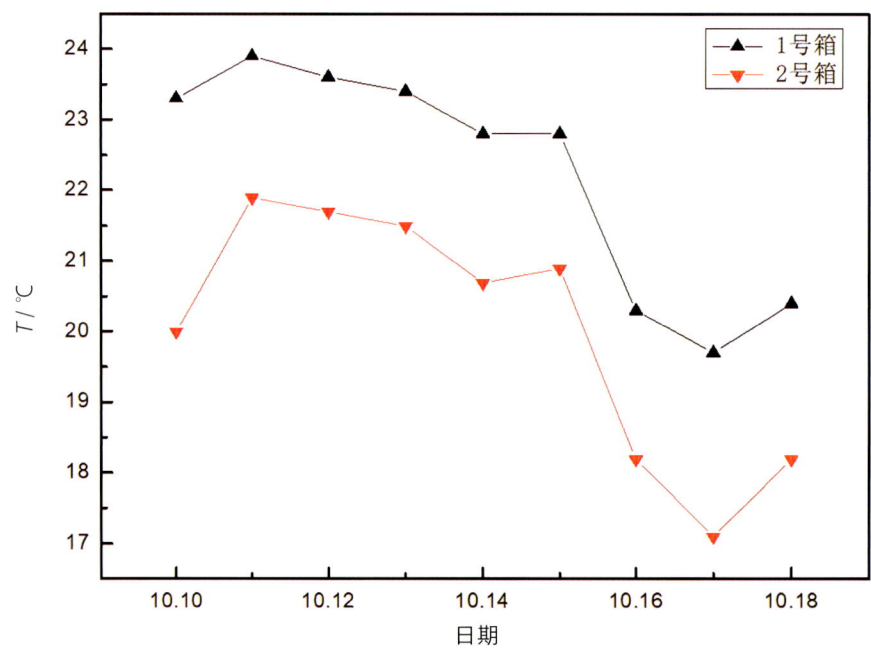

图九　温度随时间变化图

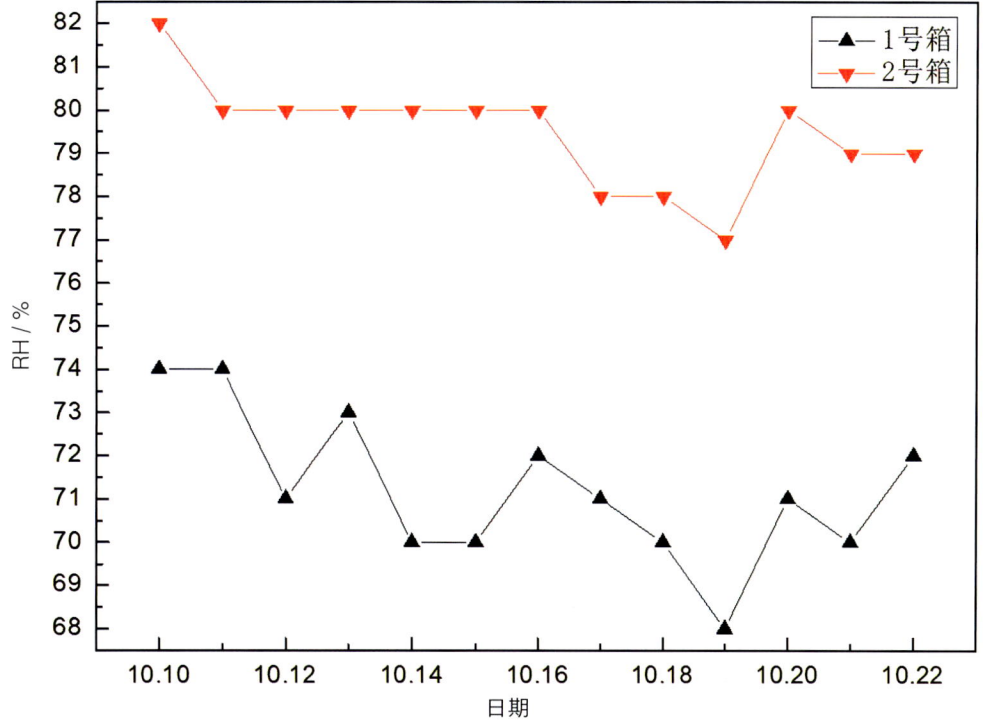

图一〇　相对湿度随时间变化曲线

我们分析1号箱温度之所以要比2号箱高的原因是，1号箱内的空气循环风扇电机在工作时，一部分电能转化为机械能，使空气以一定速度在环境试验箱内流动；一部分电能转化为热量，传递到试验箱的微环境中，由于试验箱内部与外界环境的物质和能量传递被减弱，因此使得1号箱温度较2号箱要略高。

我们知道湿度是表示空气中水汽含量多少的物理量。在实际应用中，由于从不同角度和不同的需要出发，湿度可以有许多种不同的表示方法，常见的有以下几种：绝对湿度、比湿、相对湿度、水汽压、混合比、露点等。其中相对湿度是为了不受温度影响而引入的表述空气干湿程度的量。相对湿度的定义是：一定量空气中的实际含水量与同温度下的饱和含水量（该温度下所能容纳水汽质量的最大值）之比称为相对湿度，以RH表示。用公式（2）表示，即

$$RH = \frac{q}{q_s} \times 100\% \qquad 公式（2）$$

其中：q——一定量空气的含水量

q_s——该温度下空气含水量最大值

由以上湿度定义可以看出，空气温度与湿度是相互关联的两个量。图一一可知q_s值随温度的升高而增大，所以相对湿度RH随温度的上升而下降；反之，温度降低RH上升。

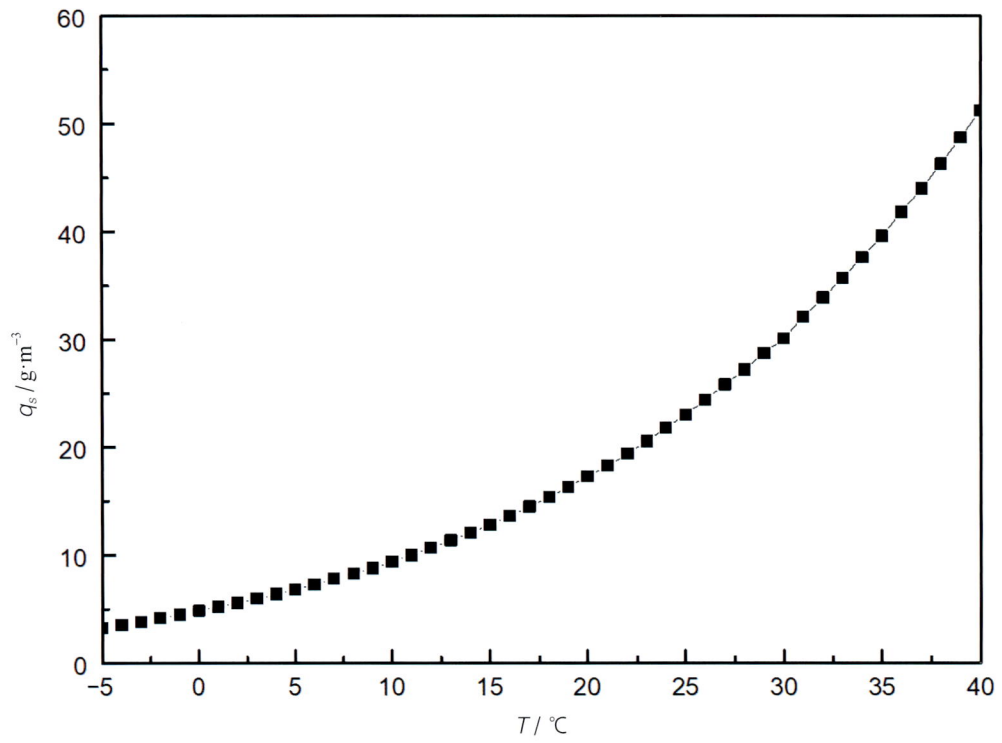

图一一　空气饱和含水量随温度变化曲线

由以上分析我们可以看出,由于1号试验箱的温度要比2号试验箱温度略高1~2℃,使得1号箱内空气含水量最大值q_s增大。

由于我们采用甘油-水体系控制湿度,外界环境条件为常温常压,因此我们可将此体系视为理想溶液,1号箱内空气环境视为理想气体。因此我们由拉乌尔定律:

$$p_A = p_A x_A = p_A x \qquad \text{公式（3）}$$

$$p_B = p_B x_B = p_A (1-x) \qquad \text{公式（4）}$$

道尔顿分压定律:

$$y_A = \frac{p_A}{p} = \frac{p_A x}{p} \qquad \text{公式（5）}$$

可以得到,1号箱内空气含水量q只与甘油-水体系的组成有关。因此在相同甘油-水体系组成的情况下,1号箱的相对湿度在空气循环稳定后要比2号箱的相对湿度低。这就很好地解释了我们观察到的现象。

由于1号环境试验箱的湿度在空气匀速循环转动时比2号箱的相对湿度要低,由前面的讨论我们知道,湿度是影响历史文化遗产保存的一个重要因素。在这种情况下我们就不能比较两者对于历史文化遗产保存环境的好坏。因此,我们通过调节1号箱的水醇比例,使1号箱的相对湿度适当提高,提高1号试验箱与2号试验箱的可比性。图一二就是我们调节水醇比例后记录的相对湿度数据图。

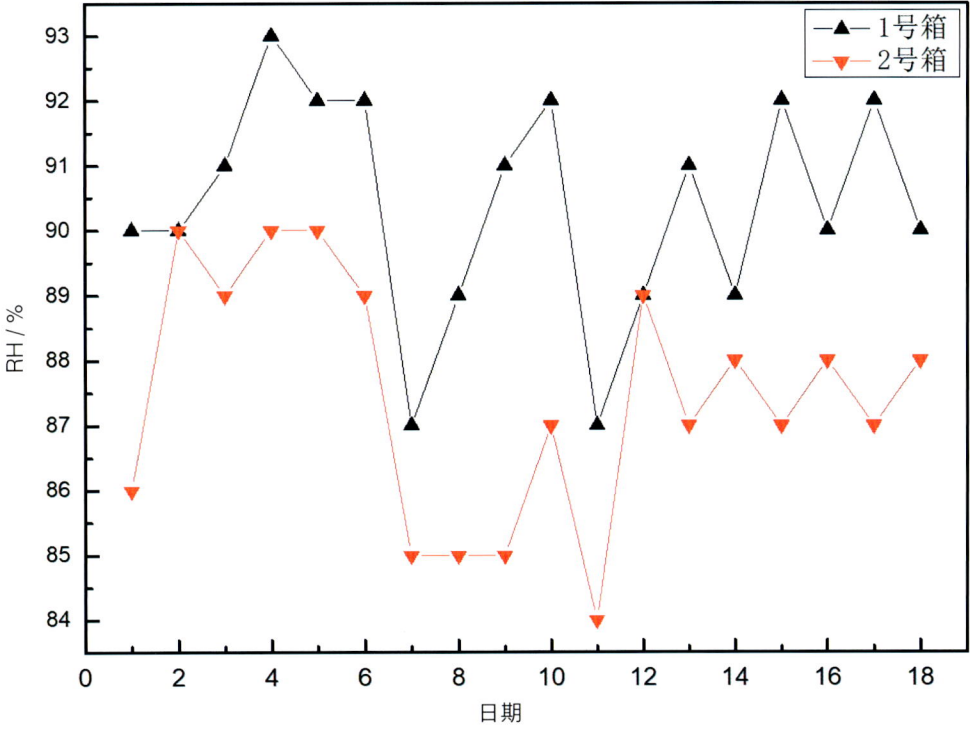

图一二　调节水醇比例后的湿度图

通过观察试验样品，我们发现1号箱和2号箱内的试验样品均有发霉的情况，但是在1号箱的相对湿度比2号箱的相对湿度高的情况下，1号箱内样品的发霉情况却较2号箱的要少很多。如图一三、图一四所示，1号样品只有轻微发霉，霉菌的菌落孤立，数量较少。而2号样品上霉菌数量很多，连接成片并覆盖了整个样品。

图一三　一号箱样品图

图一四　二号箱样品图

微生物对历史文化遗产的危害，主要指有害微生物在高温高湿环境条件下，使历史文化遗产材料发霉变质的过程。有害微生物以历史文化遗产材料为培养基取得营养物质的过程，就是历史文化遗产材料发生损坏变质的过程。这一变质过程大致可分为初期霉变、生霉、霉烂三个阶段。初期霉变是微生物与历史文化遗产材料建立腐生关系的过程，表现为有轻微异味、材料发潮等状态。生霉阶段是微生物大量繁殖过程，在此阶段微生物迅速达到稳定的生长期，受损部位开始形成毛状或绒状菌落，颜色逐渐由白色变为灰绿色。霉烂阶段是历史文化遗产材料被严重腐解过程，使其力学强度下降，甚至彻底变质。

历史文化遗产材料对受到微生物的侵蚀后，重者腐蚀，丧失其使用价值；轻者霉迹斑斑，霉味扑鼻。历史文化遗产材料表面霉斑的形成，主要有三种原因。

（1）微生物的菌大多带有一定颜色，如曲霉、青霉菌多呈灰绿、黄绿、浅黄、黄褐等色，镰刀菌、念珠霉菌落多呈红、砖红、淡紫等色；交链孢属、芽枝霉菌落多呈暗褐色、棕绿色。这些色素大多不溶于水，在历史文化遗产材料表面形成各种颜色的霉斑。

（2）微生物在代谢中分泌的色素具有一定的颜色。如产黄青霉、桔青霉能分泌黄色色素；镰刀菌能产生红色色素等。这些色素一般能溶于水，因渗入历史文化遗产材料内部而呈现一定颜色。

（3）微生物在分解历史文化遗产材料过程中产生的某些生成物具有一定颜色。如分解蛋白质产生的氨基酸化合物呈棕色，当这些霉斑达到一定数量后，会严重影响历史文化遗产表面的光洁度。

微生物对历史文化遗产材料危害的第二个结果是历史文化遗产材料间的黏结以及历史文化遗产表面的发黏。凡是发生霉菌的场所，一般都比较潮湿。在霉菌代谢中还有黏性分泌物产生；加上灰尘受潮后黏性增大，致使历史文化遗产受到灰尘的影响。

从微生物中的霉菌与细菌的危害性看，霉菌比细菌的危害程度要大很多。一方面细菌对环境条件的要求远比霉菌要高，一般在有液态水的情况下，细菌才能较好的生长；另一方面，霉菌对历史文化遗产材料的分解能力比细菌强。对历史文化遗产有害的细菌大多不具有分解纤维素的能力，有些能分解纤维素的细菌在历史文化遗产库房中一般也较少见，在分解蛋白质的能力上霉菌也比细菌强得多。

四、环保低耗历史文化遗产保存环境对霉菌生长影响的定量实验研究

由上面的试验我们可以得到这样的结论：空气流动在一定程度上可以影响历史文化遗产的保存环境，尤其是对霉菌的生长有很大的影响。以上试验只是定性的试验，为了定量观察空气流动对历史文化遗产保存环境的影响，我们设计了下面的试验。

1. 试验仪器、材料与试剂

试验仪器：环境试验箱（自制）、WSB-2型高精度数显温湿度计（测温范围：-50~70℃，测湿范围：10% RH~99% RH，郑州博洋仪器仪表有限公司）、QDF-2B热球式风速计（测量范围：0.05~5m/s，北京市检察仪器厂）、换气扇（20W，直径10cm）、SW-CJ-1FD洁净工作台（洁净等级100级，苏州安泰空气技术有限公司）、DSX-280A型不锈钢手提式消毒器（上海申安医疗器械厂）、霉菌培养箱（广东医疗器械厂）、移液器、天平、电炉、培养皿（Φ90mm）、三角烧瓶（100mL）、接种针、试管（18mm×18mm）、烧杯（250mL、2000mL）、量筒（500mL）、胶带（5cm）、纱布。

试验试剂：丙三醇（A. R. 西安试剂厂）、去离子水（陕西师范大学材料科学与工程学院）、葡萄糖（A. R. 国药集团化学试剂有限公司）、琼脂（试剂级，青岛医疗器械化玻业务部）、虎红琼脂（北京奥博星生物技术有限公司）、K_2HPO_4（A. R. 西安试剂厂）、$MgSO_4$（A. R. 西安试剂厂）、新鲜马铃薯、绳状青霉（陕西省微生物研究所）。

2. 试验过程

这部分试验分为两部分，一是为了验证微生物孢子在历史文化遗产表面的着生情况是否受空气流动的影响；二是为了验证微生物的生长繁殖是否受空气流动的影响。

第一部分试验，我们首先制备霉菌培养基，称取去皮新鲜马铃薯200g切成1cm见方的小块放入2000mL大烧杯中，加入1000mL自来水，置电炉上煮沸20min后，用双层纱布过滤。滤液计体积后倒入2000mL大烧杯中煮沸。加入称好的葡萄糖20g、琼脂20g、1g K_2HPO_4、0.5g $MgSO_4$，加热搅拌至全部溶化，并补足水量至1000mL。趁热将其分装到100mL三角烧瓶中，分装并做好标签。

取一瓶分装好的培养基，放入不锈钢手提式消毒器，高压蒸汽121℃灭菌30min。将无菌室的紫外灯开启消毒半小时，开启超净台，在无菌状态下趁热将15mL培养基倒入培养皿中。将制备的平板培养基冷却后放入试验箱作对比观察。本次试验一次制备了3个平板培养基，其中一个放入1号环境试验箱，一个放入2号环境试验箱，最后一个直接放入霉菌培养箱。分别标记为1号样、2号样、3号样。在1号试验箱中打开培养皿的盖子，在空气稳定循环的情况下放置6h，同样在2号箱打开培养皿的盖子放置6h。采样完毕后，将采样培养皿盖上盖子放入36℃霉菌培养箱中，培养48h，计数菌落数。

另外一部分试验，我们将上面制备的培养基放入不锈钢手提式消毒器，高压蒸汽121℃灭菌30min。将无菌室的紫外灯开启消毒半小时，开启超净台，在无菌状态下趁热将15mL培养基倒入培养皿中。待其冷却后，在无菌状态将绳状青霉做成稀释液，用移液枪分别取1mL稀释液注入冷却的培养皿中，用灭过菌的接种环将稀释液涂布均匀。将接种后的培养皿盖上盖子，放入36℃霉菌培养箱中，培养24h。将经过培养的已经形成一定菌落的培养皿分别放入1号、2号环境试验箱，并打开盖子放置24h。采用稀释平板测数法测定空气流动对微生物生长的影响。

稀释平板测数是根据微生物在高度稀释条件下固体培养基所形成的单个菌落是由一个单细胞繁殖而成这一培养特征设计的计数方法，即一个菌落代表一个单细胞。计数时，首先将待测样品制成均匀的系列稀释液，尽量使样品中的微生物细胞分散开，使其呈单个细胞存在，再取一定稀释度、一定量的稀释液接种到平板中，使其均匀分布于平板中的培养基内。经培养后，由单个细胞生长繁殖形成菌落，统计菌落数目，即可计算出样品中的含菌数。

用100mL无菌水分多次将培养皿中的霉菌洗脱，并放入小玻璃珠的250mL三角瓶中，用手振荡20min，使微生物细胞分散，静置20～30s，即可看作10^{-1}稀释液；再用1mL无菌移液枪，吸取10^{-1}稀释液1mL，移入装有9mL无菌水的试管中，吹吸3次，让菌液混合均匀，即成10^{-2}稀释液；以此类推，连续稀释，制成10^{-3}、10^{-4}、10^{-5}、10^{-6}、10^{-7}、10^{-8}、10^{-9}等一系列稀释菌液。

平板计数法采用虎红培养基可以很好地使菌落保持独立，使计数过程清晰、方便。将稀释的菌液采用混合平板培养法计数。用无菌吸管按无菌操作要求吸取1×10^{-9}稀释液各1mL放入3个培养皿中，然后在3个平板中分别导入已制备并冷却至45～50℃的虎红培养基（虎红培养基的制备：将20g虎红培养基加入1000mL自来水，煮沸溶解，放入不锈钢手提式消毒器，高压蒸汽121℃灭菌30min），轻轻转动平板，使菌液与培养基混合均匀，冷凝后，放入30℃霉菌培养箱培养。至菌落长出后即可计数。采用相同方法，记录1号箱与2号箱的霉菌数量。

3. 实验结果

通过放入空白的PDA培养基，记录6h内1号环境试验箱内、2号环境试验箱内及对比的样品的菌落数如表二所示。

表二　不同条件下平板培养基上霉菌菌落数

样品号	1号样	2号样	3号样
菌落数（个）	1	3	1

由表二的数据我们可以看出，在1号试验箱内的样品上菌落数与对比的3号样同样为一个，因此我们可以认为，由于空气流动在这6h内没有携带霉菌孢子的空气尘埃落在培养基上；而2号试验箱中的样品菌落数为1号样和3号样的3倍。由试验数据我们可以看出，流动的空气使携带霉菌孢子的空气尘埃不容易落在样品上。这是空气流动影响历史文化遗产保存的一个重要原因。

表三　不同条件下稀释平板测数法菌落数

稀释度	1×10^{-9}					
	1号样			2号样		
菌落数	1	2	3	1	2	3
	81	86	88	170	175	174
平均值	85			173		

通过采用稀释平板测数法，我们可以直观地观察到空气流动对已有霉菌的影响情况。表三是通过稀释平板测数法记录的1号箱风速为4m/s、温度为26.1℃、相对湿度为87%，2号箱温度为24.2℃、相对湿度为84%条件下的菌落数。

表四　24.1℃时稀释平板测数法菌落数

稀释度	1×10^{-9}					
	1号样			2号样		
菌落数	1	2	3	1	2	3
	24	27	24	52	53	57
平均值	25			54		

表四是通过稀释平板测数法记录的1号箱风速为4m/s、温度为24.1℃、相对湿度为87%，2号箱温度为22.8℃、相对湿度为87%条件下的菌落数。

五、环保低耗历史文化遗产保存环境对历史文化遗产的损坏研究

通过以上的试验，我们发现循环流动的空气，在一定程度上确实可以改善历史文化遗产保藏环境，但是空气流动对历史文化遗产本身有什么损害还不得而知。通过查阅有关文献，大部分历史文化遗产工作者都是反对历史文化遗产保存环境中存在空气流动。大家都认为空气的流动对历史文化遗产的保存是有害的。如Charles E.认为空气流动会增加空气中携带的污染物微粒在其表面的沉降速率，历史文化遗产藏品库内藏品表面空调气流速度应控制在0.13m/s以下，换气次数不应超过$8 \sim 12h^{-1}$。为了验证空气流动是否对历史文化遗产本身产生损坏作用，我们设计了如下试验。

1. 试验仪器、材料与试剂

试验仪器：LR016A型干热老化试验箱（重庆银河试验仪器有限公司）、DC-MIT135B型电脑测控耐折度仪（四川长江造纸仪器有限公司）、J-KZ100型摆锤式抗张试验机（四川长江造纸仪器有限公司）、QDF-2B热球式风速计（测量范围：0.05～

5m/s，北京市检察仪器厂）、色差计（北京兴光测色仪器公司）。

试验样品：宣纸（安徽泾县）、颜料试块（自制）。

2. 试验过程

首先我们制备颜料试块。选择朱砂、碳黑两种彩绘颜料，颜料均为国画颜料，由中央美术学院附中颜料厂（即北京金碧斋美术颜料厂）生产，各种颜料板均为颜料加明胶。颜料板制作方法如下：

（1）选用当地的泥土与切碎的麦秆混合后加入适量的蒸馏水搅拌均匀，用5cm×80cm的木模具制作模拟地仗试块。

（2）试块在室温下自然干燥后，再在试块泥层表面涂抹1mm厚石膏作为底层，干燥后，将试块锯成5cm×5cm的8块。

（3）用浓度为1%的明胶水调制成适当浓度的颜料糊，然后用毛笔将其均匀涂在上述石膏层表面，厚度0.1～0.2mm。

（4）在室温下自然晾干即可。

我们的干热老化箱带有鼓风装置，并且也可单独控制。打开鼓风后，用风速计测量其风速，得到干热老化箱的鼓风风速大约与1号试验箱的最大风速相当。因此，我们将宣纸样品和颜料试块放入干热老化箱中，通过测量不同条件下老化前后的样品强度（强度试验包括抗张强度和耐折度）及色差数据，得到空气流动对历史文化遗产的保存是否有副作用。干热老化试验方法是按照国际GB/T 464.1 1989，在103℃下加速老化72h（即自然条件下25年），相当于考察了空气流动在25年时间里对试验样品的影响。因此在一定程度上可以说明空气流动是否对历史文化遗产有损坏作用。

3. 试验结果

我们通过抗张强度仪测得不同条件下样品的强度。数据如表五、表六所示，我们从以下数据可以看出，宣纸在干热老化后，空气流动的样品与空气静止的样品，无论是纵向还是横向其抗张强度都相差很小。尤其是耐折度，两种老化方式的样品数据可以看出横向的都是5次，纵向的都是3次。因此我们可以得出空气的流动对纸张的强度的影响是微弱的结论。

表五　不同条件干热老化后宣纸抗张强度

		抗张强度（N）										平均值
鼓风开放	横向	10.3	9.65	7.74	9.15	9.58	10.25	10.3	10.14	9.75	11.1	9.796
	纵向	5.10	5.28	4.85	6.00	5.46	5.28	6.2	6.10	6.45	5.05	5.577
鼓风关闭	横向	9.40	10.05	9.65	9.32	10.30	10.28	9.15	9.98	8.80	9.60	9.659
	纵向	5.70	6.45	5.98	6.20	5.52	4.88	6.34	6.45	6.00	5.62	5.917

表六　不同条件干热老化后宣纸耐折度

		\multicolumn{10}{c	}{耐折度}	平均值
鼓风开放	横向	4	6	5	5	8	6	6	5	6	5	5
	纵向	3	2	3	2	3	2	2	3	3	4	3
鼓风关闭	横向	5	6	4	4	3	3	5	5	5	5	5
	纵向	2	3	2	2	3	4	4	3	2	3	3

我们按照CIE色空间坐标原理对颜料试块不同老化方式老化前后的色差进行测量，计算公式如下：

$$\Delta E_{ab} = [(\Delta L^*)^2 + (\Delta a^*)^2 + (\Delta b)^2]^{1/2} \qquad 公式（6）$$

其中：$\Delta L = L_{老化后} - L_{老化前}$（明度差异）

$\Delta a = a_{老化后} - a_{老化前}$（红/绿差异）

$\Delta b = b_{老化后} - b_{老化前}$（黄/蓝差异）

表七　不同条件干热老化后色块色差数据

		ΔL*	Δa*	Δb*	ΔE
鼓风开放	红色试块	47.73	36.92	15.98	1.03
	黑色试块	24.02	1.06	2.62	0.05
鼓风关闭	红色试块	47.36	35.96	15.94	0.65
	黑色试块	24.01	1.11	2.61	0.01

表七是我们测试的红色颜料试块与黑色颜料试块在不同老化条件下的色差，我们由表中数据可以看出，流动空气对颜料色差的影响，在相当于22年的老化时间里没有明显的差别。

当空气沿地面流动时，它以自身的动能和挟带的碎屑物对其流过的物体进行冲击和磨损，产生破坏作用。当风速较小时，这种风蚀作用不明显；当风速较大，风挟带的碎屑物多时，空气流动的破坏作用就很强烈。

风速较小时，只能吹动微尘；当风速大于4m/s时，可以搬运粒径为0.1～0.25mm的砂粒，这种大于砂粒起动风速而将砂粒吹离地面形成风沙的风称为起沙风。随着风速的加大，搬运砂粒的粒径也随之增大，并且风沙中的含沙量也增大。赵海英、李最雄在PS材料加固土遗址风蚀试验中指出，当风速达到10m/s时风蚀作用才会有明显的作用。综合以上实验数据和相关文献，本文认为0～4m/s的风速对历史文化遗产来说，在有效抑制微生物的生长的前提下，对历史文化遗产的保存来说是一个安全的风速。

后 记

九江星子明代高僧壁画墓的考古发掘始于2013年7月，12月田野工作结束后，江西省文物考古研究院胡胜领衔的团队与陕西师范大学历史文化遗产保护教育部工程研究中心李玉虎教授团队合作，经过研究与实验后，确定了保护修复方案并实施了在原址对壁画进行保护修复工作。由于江西地区壁画墓发现得较少，保存得更少，因此我们希望对该保护修复工作做个总结，借此为江西地区今后壁画墓的保护修复工作提供参考和借鉴。

报告中第一章由胡胜完成，第二章由胡胜、冯普完成，第三章由胡胜、傅鹏完成，第四章由胡胜、温葵珍完成，第五章由胡胜、潘娅完成，第六章由胡胜、付文斌完成，第七章由胡胜、白璐完成，第八章、第九章由胡胜完成。最后由胡胜同志统稿。

本报告在完成过程中，江西省文物考古研究院原院长徐长青同志、单位其他领导和同志给予了我大力支持和帮助，在此谨表感谢。

编　者